John Matthews

Der Artus-Weg

*Einführung
in die
keltische Spiritualität*

Aus dem Amerikanischen
übersetzt von
Dr. Annette Charpentier

WILHELM HEYNE VERLAG
MÜNCHEN

HEYNE ESOTERISCHES WISSEN
Herausgegeben von Michael Görden
13/3046

Titel der englischen Ausgabe:
THE ELEMENTS OF THE ARTHURIAN TRADITION
First published 1989 by Element Books Limited,
Shaftesbury, Dorset

Umwelthinweis:
Dieses Buch wurde auf
chlor- und säurefreiem Papier gedruckt.

Copyright © 1989 by John Matthews
Copyright © der deutschsprachigen Ausgabe 1999 by
Wilhelm Heyne Verlag GmbH & Co. KG, München
http://www.heyne.de
Printed in Germany 1999
Umschlaggestaltung: Atelier Bachmann & Seidel, Reischach
Umschlagillustration: Agentur Holl/Peter Pracownik, Aachen
Lektorat: Renate Schilling
Technische Betreuung: Sibylle Hartl
Satz: Pinkuin Satz und Datentechnik, Berlin
Druck und Bindung: Elsnerdruck, Berlin

ISBN 3-453-14666-2

John Boorman gewidmet,
der die Tradition
am Leben erhalten hat

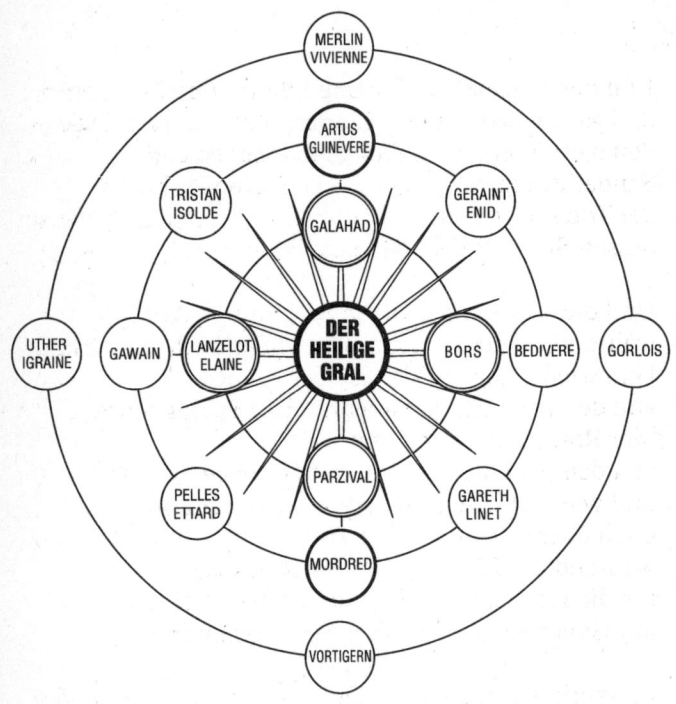

Der epische Artus-Zyklus
nach den Erzählungen der
anglo-normannischen Troubadoure

Des Königs Mond-Ritual
(für David Jones)

Von den Hügeln von Crooked Bank (Camlan) kamen
drei ganz gewöhnliche Männer: Morvran mab Tegid,
den wegen seiner Häßlichkeit keiner erschlägt,
Sendaf Bright-Angel, den wegen seiner Schönheit
der Tod selbst verschont; und Glewlwyd Mighty-Grasp,
dessen Stärke keiner widerstehen kann ...

Und diese drei zogen übers Feld Arm in Arm,
während Logres in Britannien in Dunkelheit zurückfiel.
Und wieder zogen Träume übers Land –
von dem, der den verhängnisvollen Schlag führte
(der Rote Mann vom See);
von dem, der die Frage zu stellen versäumte;
und vom Schiff aus Glas, das niemals segelte,
doch über das Land von Bardsey glitt –
während der Bär in der Prydwen auszog,
um die Hölle zu erobern und wiederzukehren
mit Gaben für alle, die ihm treu ergeben sind ...

Er ist erinnert in den Sternen – Arcturus und Telyn Idris –,
und die Berge vergessen nicht
die Schuld von Crooked Bank.
Doch der Kopf des Bran schaut nicht länger über Luds Stadt,
noch weiß man, wer in Not gelegen hat: König Pellam,
Herr von Lystenesse, oder die Krähe mit dem singenden Kopf.

Aber sie, die jenseits des Wassers wartet, beobachtet alles,
singt ihrem Liebespoeten, der im Busch gefangen ist,
der sie schweben sah auf mondhell erleuchteten Wassern,
die ihren Sirenengesang nicht hörten,
und der den Kelch im Westen flammen sah,
der den Atem der Neun nicht verspürt hat,
wie Rauch in der Luft, des Kessels Rand zu wärmen;
der die Tafel gesehen hat, doch nicht, wie sie zerbrach,
als Männer über sie ritten mit eisernen Hufen
und die Stühle zerstreuten, in denen die Helden einst saßen ...

Das Schwert glitt ins Wasser, schwankte und versank.
Das Schwert hieß Excalibur, der Speer Rhongomyniad,
der strahlende Mantel Gwern.
Doch er, der König und Führer war, Amherawdr,
Herr der Wellen im Purpur der Ahnen,
geht nun im Ödland umher,
sitzt auf seinem goldenen Stuhl mit langem Haar und Bart,
führt die Hunde von Annwn über die Höhen von Moor und Land,
schläft in den Höhlen, der Bär, der Rabe, der saturnische Herr,
wirft ein silbernes Hufeisen am Abend vor dem Johannistag
und bewacht den brennenden Baum, bis bessere Tage kommen.

John Matthews

Inhalt

Einführung: Was ist die »Artus-Tradition«?   11

1. Der Hochkönig: Artus in Geschichte und Mythos   17
   Übung 1: Der Sternenkönig   32

2. Merlin und die Prophezeiungen:
   Visionen und Zauber auf Camelot   35
   Übung 2: Merlins Turm   50

3. Die Tafelrunde: Abenteuer im Wald des Geistes   55
   Übung 3: Die Tafelrunde   67

4. Göttinnen und Führerinnen:
   Morgan le Fay und die Frauen der Anderswelt   71
   Übung 4: Einen Führer finden   84

5. Lanzelot und Tristan: Wahre Liebe und
   vollendetes Rittertum   87
   Übung 5: Die Höhle des Herzens   105

6. Die Gralssuche: Spiritualität und die Suche
   nach dem Absoluten   109
   Übung 6: Die Gralskapelle   123

7. Avalon und die Feenreiche:
   Wege in die Anderswelt   127
   Übung 7: Die Insel der Träume   137

8. Das unendliche Lied:
   Artus in der modernen Welt 141
   Übung 8: Der künftige König 153

Wichtige Gestalten der Artussage 157
Danksagung 172
Bibliographie 173
Register 181

Einführung

Was ist die »Artus-Tradition«?

Zahlreiche Geschichten über Abenteuer, Liebe und Magie sind der Stoff der Artus-Tradition, die ihre Energie aus verschiedenen Quellen bezieht. Viele der Erzählungen rund um Artus und Avalon, Merlin, den Gral und die andersweltlichen Frauen, die ihn hüteten, verdanken wir den komplizierten und verschlungenen keltischen Mythen und Legenden. Aus den großen Ritterepen des Mittelalters stammen die Geschichten von den Rittern der Tafelrunde, Lanzelot und Galahad, Parzival und Gareth, Gawain und Lamorack. Ihre Abenteuer füllen buchstäblich Tausende von Seiten, auf denen ihre Reisen durch die dunklen, undurchdringlichen Wälder der arturischen Welt geschildert werden. Aus den komplexen Sitten der höfischen Liebe, die wie ein religiöser Kodex beachtet wurden, entstand eine neue Haltung Frauen gegenüber: Man betrachtete sie nun nicht mehr als käuflich erwerbbare Sklavinnen, die man auf dem Heiratsmarkt des feudalen Europas verschacherte, sondern als potentielle Göttinnen. Dies war der Hintergrund für so unvergleichliche Frauengestalten wie Guinevere, Isolde, Elaine von Astolat, Dindraine und Legionen anderer, die von den Rittern, die sie liebten, umworben und errungen, errettet und umkämpft wurden.

Und hinter all dem steht wie als Fundament eine tiefere Dimension, die sich auf das Erbe der magischen Traditionen stützt und, von unzähligen Generationen weitergetragen, in der Blüte der mittelalterlichen Literatur kulminierte. Hier fanden die Themen ihren Platz, die das Geistesleben der Menschheit von der Traumzeit an beherrscht hatten – bevor die historische Geschichte begann. Die ewige Verbindung und Interaktion der Anderswelt mit unserer eigenen Dimension bildet den Hintergrund zu den Geschichten um Artus und seine Helden, ihre Geliebten und ihre Abenteuer. Die Geheimnisse der Unsterblichkeit, der Harmonie mit der Erde, der wahren Liebe und der spirituellen Erfüllung sind nur einige der kostbaren Geschenke, die diesen Männern und Frauen angeboten wurden, die in den unzähligen, von vielen Figuren bevölkerten Texten auf erstaunliche und oft verwirrende Weise auftauchen und wieder verschwinden.

Die Abenteuer, auf die sie sich fröhlich und unverzagt begaben, waren seltsam und furchterregend – seltsam und furchterregend waren auch ihre Gegner: Zauberer und Zauberinnen, die ihre Gestalt verändern konnten, wilde Bestien, die mehr Intelligenz besaßen als sonst für ihre Art üblich war, Schlangen, die sich in schöne Frauen verwandelten, wenn jemand es wagte, sie zu küssen, unsichtbare Feinde, die aus dem Nichts zuschlugen, Dämonen, Geister und Ritter, deren Rüstung von einem Augenblick zum anderen die Farbe wechselte. Selbst die Landschaft wirkte unirdisch mit ihren Unterwasserbrücken, Brunnen, die brodelten oder aus denen Blut quoll, Bäumen, die zur Hälfte in Flammen standen, während die andere grün belaubt war, Ödlande, die auf ein einziges Wort hin ergrünten.

Magische Waffen und Ringe, Pferde und Zügel, Schwerter, die aus einem Stein gezogen werden oder auf der Wasseroberfläche schwimmen, Schiffe, die ohne menschliches Zutun segeln, und Schachfiguren, die von unsichtbaren Händen bewegt werden – das sind nur einige der Elemente, aus denen die Welt der Artus-Tradition besteht. Einigen werden wir auf den folgenden Seiten begegnen, und viele weitere finden sich in den zahllosen Geschichten, die die »Materie Britanniens« (*Matière de Bretagne* oder *Matter of Britain* = britannischer Sagenkreis) ausmachen.

Vor allem sollte man erkennen, daß es sich nicht bloß um Geschichten handelt. In ihnen liegt eine Tiefe und Vielfalt menschlicher Erfahrung, die aus zeitlosen Dimensionen herüberreicht. Als Bestandteil der ungebrochenen Mysterientradition des Abendlandes bilden sie auf einzigartige und ungewöhnliche Weise einen Hintergrund für den gewöhnlichen Alltag. Mythen sind stets zeitlos und können nicht nach individueller Vorliebe definiert oder klassifiziert werden. Und doch sind sie für alle da, wie die kluge Mythenforscherin Pamela Travers bemerkte:

Mythen haben niemals nur eine einzige Bedeutung, die ein für allemal definiert und festgelegt werden kann. Sie besitzen etwas Umfassenderes, einen Sinn an sich. Wenn man einen Kristall ins Fenster hängt, strahlt er mit seinen Facetten das Licht nach allen Seiten ab. Genauso sind Mythen. Sie haben eine Bedeutung für mich, für Sie und für jeden einzelnen.[84] *

In diesem Sinne ist die Artus-Tradition ebenfalls für jeden da, der sie erforschen will. Aber die Beschäftigung damit sollte es nicht mit dem bloßen Lesen der Texte bewenden lassen, so lohnend das auch sein mag. Man kann tiefere, eher experimentelle und erfahrungsorientierte

---

* Die Zahlenangaben beziehen sich auf die Bibliographie am Ende des Buches.

Ebenen erreichen, wenn man auf phantasievolle Weise mit den arturischen Archetypen arbeitet. Dazu lassen sich in diesem Buch zahlreiche Vorschläge finden. Beim Ausprobieren der Übungen erleben Sie gewiß eine völlig neue und fruchtbare Dimension für Ihr Leben, denn in diesen Geschichten liegt ein Erbe für die Zukunft – für alle, die bereit sind, es zu suchen.

Ich stütze mich hier auf eine große Bandbreite von Artus-Texten; einer aber war ganz besonders zentral für dieses Buch: Es handelt sich um Sir Thomas Malorys unsterbliches Werk *Le Morte D'Arthur* (»Die Geschichten von König Artus und den Rittern seiner Tafelrunde«)[46], das als Spätwerk der Tradition im Jahre 1485 veröffentlicht wurde und nicht nur alles zusammenfaßt, was sich zuvor herausgebildet hatte, sondern dies auch auf äußerst zugängliche Weise schildert. Malorys Einzigartigkeit liegt in seiner Individualität und Unabhängigkeit, die ihm die Freiheit gaben, die Geschichten, die in dieses Buch einflossen, so zu formen und anzupassen, daß sie seiner persönlichen Vision von der »hohen Ordnung des Rittertums« entsprachen. Außerdem ist Malory ein großartiger Stilist, dessen Worte oft auf unvergeßliche Weise treffend und bedeutungsgeladen sind.

Ich habe für dieses Buch daher durchgängig Malory als hauptsächliche Quelle benutzt und nicht gezögert, seine Worte zu verwenden und zu paraphrasieren, als wären es meine eigenen. Da es sich jedoch nicht um eine Studie über Malory handelt, ist das folgende eher eine Art Meditation über das Thema, keine Abhandlung. Wenn man sich tiefer in Fragen der Artus-Tradition einarbeiten möchte, gibt es kaum etwas Besseres, als Malory im Original zu lesen, ergänzt durch die Erzählungen von Chrétien de Troyes, das *Mabinogion*[45] und den englischen Gawain-Zyklus[22]. Auf andere, weniger bekannte Werke wird an den entsprechenden Textstellen verwiesen, oder sie werden in der Bibliographie am Schluß aufgeführt. Die Betonung liegt aber durchgängig auf der Dimension der imaginären Bilderwelten, da diese einen essentiellen Teil dieser bis zum heutigen Tag lebendigen Tradition darstellen.

1. Der Hochkönig:
Artus in Geschichte und Mythos

Wo hat sich noch nicht in fliegender Eile der Ruhm Artus' von Britannien verbreitet und seinen Namen bis an die Grenzen der christlichen Reiche bekannt gemacht? Wer, sage ich, spricht nicht von Artus von Britannien, denn er ist den Völkern Asiens fast besser bekannt als den Britanni (Bewohnern von Wales und Cornwall), wie unsere Boten uns kundtun, die aus dem Osten zurückkehren? Die Völker des Ostens sprechen über ihn ebenso wie die des Westens, obwohl sie durch die ganze Breite der Erde voneinander getrennt sind ... Rom, die Königin aller Städte, singt von seinen Taten, und auch in ihrer ehemaligen Rivalin Karthago sind Artus' Kriege nicht unbekannt. Antiochia, Armenien und Palästina feiern seine Taten.

Alanus de Insulis

Der keltische Held

Artus ist ein keltischer Held, und als Kelte und Teil der keltischen Welt sollte er auch betrachtet werden. In welche entfernten Zeiten und Kulturen die Geschichten ihn auch entführen, wir sollten niemals vergessen, daß sie ursprünglich ein Produkt der keltischen Gesellschaft waren. Dieser Ursprung läßt sich noch lange nachvollziehen, auch als Artus längst als christlicher König in glänzender Rüstung bekannt war, mit einer Gruppe von Helden, die sich an einem runden Tisch zusammensetzten und ihre Zeit mit Abenteuern und Liebesgeschichten zubrachten.

Artus' historische Ursprünge sind, wie nicht anders zu erwarten, von Mythen verschleiert. Der Legende zufolge war er der Sohn von König Uther Pendragon und Igraine von Cornwall; seine Geburt wurde durch die magischen Künste des Zauberers Merlin ermöglicht, der später zu seinem Berater in allen Angelegenheiten wurde. Die historische Geschichtsschreibung gestattet ihm kein so romantisches Erbe: Erwähnt werden weder bekannte Eltern noch ein Magier als Berater noch ein Trupp glänzender Ritter. Aber das, was wir tatsächlich von ihm wissen, ist mindestens ebenso bemerkenswert.

Artus wurde, soweit wir wissen, irgendwann im fünften oder sechsten Jahrhundert in Wales, den Midlands oder in Cornwall geboren, und er war nicht nur ein großer König, sondern ein ebenso großer Kriegsführer mit dem Titel *Dux Britannorum*, Herzog von Britannien. In dieser Funktion kommandierte er die Armeen der verschiedenen Kleinkönige und Häuptlinge, die das Land wieder für sich beanspruchten, nachdem die letzten Überreste der römischen Herrschaft im Jahrhundert zuvor verschwunden waren. Mit ihren endlosen Streitereien und fortwährenden Überfällen auf die Ländereien ihrer Nachbarn, manchmal aus reinem Vergnügen, wären sie zur leichten Beute von Eindringlingen aus Deutschland und Friesland geworden, wenn nicht Artus gewesen wäre, der die zerstrittenen Parteien dazu brachte, sich gegen den gemeinsamen Feind zu verbünden und ihn an die Spitze einer Armee zu setzen, die aus allen Landesteilen zusammengezogen wurde.

Wie er das geschafft hat, ist nicht überliefert, und das gilt auch für die meisten seiner nachfolgenden Taten. Er scheint einen kleinen Trupp berittener Soldaten angeführt zu haben, vielleicht die ursprünglichen »Ritter der

Tafelrunde«, die beweglich genug waren, um tief in das von ihren Gegnern besetzte Land vorzustoßen, sich ebenso rasch zurückzuziehen, wie sie gekommen waren, und kurz darauf viele Meilen entfernt gegen einen anderen Feind zu ziehen. Solche Methoden – die sie vielleicht den militärischen Taktiken der Römer in anderen Ländern abgeschaut hatten –, haben vermutlich Artus und seinen Männern einen fast schon magischen Ruf verliehen, in den eigenen Reihen ebenso wie in denen des Feindes. Damals müssen sich wohl die ersten Keime der künftigen Legenden herausgebildet haben.

Spätere Schriftsteller berichteten von der immer noch machtvollen Präsenz Artus', die in den nach ihm benannten Ortsnamen ersichtlich war: Artussitz, Artusstein, Artusofen. Es gab einen Grabstein, auf dem der Name seines Sohns Anir stand; wenn man diesen Stein an einem Tag verrückte, lag er am nächsten Tag wieder an seinem Platz. Und ein Felsvorsprung in Wales trug angeblich die Fußspur seines Hundes Cabal.

Es wird von einer Reihe großer Schlachten berichtet, deren Schauplätze nur noch schwer, wenn überhaupt, zu identifizieren sind. In diesen Berichten hören wir von Artus, der einen Schild mit dem Abbild der Jungfrau Maria trägt und seine Krieger so wirksam gegen die Sachsen führt, daß das, was als Invasion begann, als mehr oder minder friedliche Besiedlung endete. Die Eindringlinge zogen sich in bestimmte Landesteile zurück, wo sie sich niederlassen, das Land bebauen und mit der Zeit auch gemischte Ehen eingehen konnten. Dies bildete den Grundstein des englischen Volkes – eine Mischung aus Sachsen und Kelten, die sich bis zur Ankunft der Normannen im elften Jahrhundert unverändert erhalten hat.

Wie wir im weiteren sehen werden, hatte all dies eine grundlegende Wirkung auf die nun entstehenden Geschichten um Artus, denn die Briten, die vor den eindringenden Sachsen flohen, fanden jenseits des Kanals in der Bretagne Zuflucht und bildeten damit eine Verbindungslinie, über die sich auch Geschichten verbreiteten, die mündlich weitergegeben wurden. Dazu müssen auch Legenden um Artus gezählt haben, die die anglo-normannischen Geschichtenerzähler (*conteurs*), die fünfhundert Jahre später zurückkehrten, als Lieder und Sagen mitbrachten und die zur Grundlage jener mittelalterlichen romantischen Erzählungen um den König wurden, auf die sich die Artus-Tradition vorwiegend stützt.

Der romantische König

Der erste Schriftsteller, der sich bewußt der immer noch vorwiegend mündlich überlieferten Quellen um Artus bediente, war ein »Historiker« des zwölften Jahrhunderts, Geoffrey von Monmouth. Er schuf mit *The History of the Kings of Britain* (»Geschichte der Könige Britanniens«)[19] einen Rahmen für den scheinbar unerschöpflichen Vorrat an Geschichten um die Taten von Artus und seinen Helden. Hier tauchen zwar auch halbhistorische Figuren wie König Lear, Cassivellaunus und Konstantin auf, doch mehr als die Hälfte des Textes ist dem Leben von Artus und Merlin gewidmet.

Geoffreys Buch wurde ein Bestseller seiner Zeit, und unzählige Kopien des Manuskripts waren in England und Europa im Umlauf. Seine Zuverlässigkeit als Historiker war zwar umstritten, auch schon unter seinen Zeitgenossen, die ihn als einen »Fabulierer« bezeichneten, doch es liegt mehr als nur ein Körnchen Wahrheit in diesem Werk Geoffreys. Er behauptet, teilweise ein altes Buch aus dem Britannischen übersetzt zu haben, jedoch ist von einem solchen Werk niemals auch nur die geringste Spur aufgetaucht.

Wie immer die Wahrheit auch aussehen mag, es kann keinen Zweifel daran geben, daß Geoffrey verschiedene Stränge mündlicher Tradition, historischer Erinnerung und reiner Erfindung miteinander verknüpfte und sie in die Sitten und Moden jener Zeit übertrug. Damit schuf er den ersten »Artus-Roman« und prägte für mehrere Jahrhunderte die literarische Karriere seines Helden. Hier seine Beschreibung von Artus' Hof – von der man ersehen kann, wie weit er sich bereits vom »dunklen Zeitalter« Britanniens entfernt hatte:

> Als sich das Pfingstfest näherte, beschloß Artus ... zu diesem Fest eine Vollversammlung des Hofes einzuberufen und sich die Krone des Reichs aufs Haupt zu setzen. Er beschloß außerdem, zu diesem Fest die Anführer herbeizurufen, die ihm Lehnstreue schuldeten, damit er Pfingsten mit größerer Pracht feiern und die Friedensbündnisse mit den Häuptlingen erneuern und bekräftigen konnte ...
>
> *(nach der engl. Übers. v. L. Thorpe)*

Das Fest findet in der Stadt der Legionen statt, in Caerleon am Usk. Aus ganz Britannien, aus Teilen Europas und aus Skandinavien, das Artus vor kurzem erobert hatte, versammeln sich Könige und Anführer. Man findet sich zur Messe in den beiden großen Kathedralen ein; anschließend beginnt ein rauschendes Fest, zu dem Kay, der Seneschall, begleitet von tausend Edelleuten in Hermelin, das Essen auftragen läßt. Geoffrey schreibt dazu:

> Wenn ich alles beschreiben sollte, dann würde diese Geschichte viel zu lang werden. Britannien hatte in der Tat zu dieser Zeit eine solche Zivilisation erreicht, daß es an allgemeinem Wohlstand, an prachtvoller Ausstattung und an höfischem Benehmen seiner Bewohner alle anderen Königreiche

König Artus und seine Ritter an der Tafelrunde. Aus: Walter Map, *Le Livre des vertueux faix de plusieurs nobles chevaliers.* Rouen 1488

übertraf. Jeder Ritter im Land, der auch nur annähernd für Tapferkeit bekannt war, trug Uniformen und Waffen, die sein Wappen in deutlich erkennbaren Farben und Mustern aufwiesen; die Frauen der Gesellschaft trugen oft die gleichen Farben wie ihre Ritter. Sie weigerten sich, ihre Liebe einem Mann zu schenken, der sich nicht mindestens dreimal im Kampf bewiesen hatte. Auf diese Weise waren die Frauen allgemein sehr keusch und tugendhaft, die Ritter aber um ihrer Liebe willen immer wagemutiger.

(nach der engl. Übers. v. L. Thorpe)

Wir sehen hier bereits den mittelalterlichen, christlichen Hof mit seinen Rittern und Damen, wo die ersteren die letzteren durch ihr Geschick im Kampf, großartige Bankette und prächtige Kirchen zu beeindrucken suchten. Das ist nur einen kleinen Schritt entfernt von den romantischen Erzählungen, die bald darauf entstanden und die Artus zum wichtigsten und am meisten bekannten und gefeierten König der westlichen Welt machten.

Geoffreys Werk wurde aus dem ursprünglichen Latein ins normannische Französisch wie auch ins Angelsächsische übertragen. Einer der Übersetzer, ein Anglo-Normanne namens Wace, fügte die Vorstellung von einer runden Tafel hinzu, an der alle Männer gleichrangig Platz fanden. Darauf folgte geradezu eine Lawine von Artus-Romanzen. Die berühmtesten wurden gegen Ende des zwölften Jahrhunderts von einem Dichter namens Chrétien aus Troyes in Frankreich verfaßt. Bei ihm finden wir die kühnsten Entwürfe von Geschichten, die die meisten der späteren Nacherzählungen unwiderruflich prägten.

Aus seiner unerschöpflichen Feder floß eine Serie von fünf Erzählungen in Versform: *Erec und Enid*, *Cliges*, *Lancelot*, *Yvain* und *Perceval oder Die Geschichte vom Gral*.[8] In diesen Erzählungen entstand das, was wir heute als den ursprünglichen Kern der Artus-Legenden betrachten. Chrétien schenkte uns die Geschichten über Artus' größte Ritter, die Liebesgeschichte zwischen Lanzelot und Artus' Königin und die Suche nach dem Gral. Sie müssen zwar vorher in mündlicher Form existiert haben, aber Chrétien verdanken wir die erste schriftliche Version.

Chrétiens Werk wimmelt von andersweltlichen oder primitiven keltischen Charakteren: Edern, der Sohn von Nut (Yder), Gilvaethwy, der Sohn von Don (Griflet), Gwalchmai (Gawain), der Ritter der Göttin, Maelwas (Maheloas) und Guigomar. *Erec und Enid* enthält eine Darstellung, die zeigt, daß Artus den uralten magischen Brauch der Jagd auf den weißen Hirsch beibehält oder neu belebt. Dabei verehrt der Held, der das magische Tier erlegt, den Kopf seiner Dame und erklärt sie damit zur schönsten Frau des Hofes. Dieses Thema, mit der begleitenden Episode, wie der Sieger einen Kuß bekommt, geht auf viel primitivere Ursprünge zurück, wobei der Held eine alte Vettel heiratet, die sich anschließend in eine Hindin verwandelt, während der Held zum Hirschen wird.

Selbst die Geschichte von Lanzelot, die auf einer Ebene eine ausführliche Geschichte von höfischer Liebe erzählt, in der der Held seine Geliebte aus den Händen eines verzweifelten Mannes rettet, geht auf eine frühere keltische Erzählung zurück, die in einer Lebensbeschreibung von St. Gildas aus dem sechsten Jahrhundert enthalten ist. Hier ist der Protagonist ein Herrscher der Anderswelt, der Guinevere entführt, aber nicht ausschließlich aus Verlangen nach ihr, sondern weil sie die Herrschaft über das Land (die *Sovereignty*) symbolisiert – eine alte Vorstellung, gemäß der Artus sein Königreich durch die Heirat mit einer irdischen Vertreterin der Göttin erhält.

Drei der von Chrétien erzählten Geschichten erscheinen auch im *Mabinogion*[45], einer Sammlung alter walisischer Geschichten, die im Mittelalter zusammengetragen und aufgezeichnet wurden. Seit Jahren wird debattiert, welche Versionen die älteren sind. Inzwischen scheint es fast sicher, daß Chrétien seine Erzählungen früher schrieb, doch wer auch immer der anonyme Verfasser der drei Geschichten in dem walisischen Manuskript gewesen sein mag, ganz sicher bediente er sich der gleichen Quelle wie der französische Dichter. Doch im Gegensatz zu Chrétien behielt er viele ältere, primitivere Aspekte bei. Diese Versionen von Erec, Yvain und der Gralsgeschichte stellen daher in Wirklichkeit frühere Versionen dar: Aus Erec wird Geraint, Yvain heißt hier Owain, und der Held der Gralsgeschichte, Parzival, ist durch Peredur ersetzt; auch die Geschichten selbst sind insgesamt von primitiverer Prägung.

An einer anderen Stelle dieser Geschichtensammlung finden wir Artus mit weiteren keltischen Eigenschaften. In der Geschichte von Culhwch und Olwen finden wir eine Schilderung des Artus-Hofes, die vermutlich dem des sechsten Jahrhunderts weitgehend entspricht, auch wenn Arthur darin bereits zum König geworden ist und seine Ritter schon einige der magischen Fähigkeiten der späteren Mythen und Legenden aufweisen. Eine erstaunliche Liste führt über 250 Helden auf, von denen viele ganz andere Eigenschaften zeigen, als man es von den vermeintlichen Rittern der Tafelrunde erwarten würde.[61] Darunter befanden sich beispielsweise:

> Gila Hirschschenkel, der dreihundert Ar in einem einzigen Satz überspringen konnte ... Gweveyl, Sohn von Gwastad (wenn er traurig war, ließ er ein Lid bis zum Nabel herabfallen und hob das andere, bis es sich wie eine Kapuze über seinen Kopf legte) ... Gwrhyr, Deuter von Zungen, der alle Sprachen

kannte ... Cust, Sohn von Clustveinydd (auch wenn er sieben Fuß unter der Erde vergraben wäre, könnte er es hören, wenn eine Ameise sich in fünfzig Meilen Entfernung regte).

(nach der engl. Übers. v. J. Gantz)

So zog die magnetische Gestalt des Artus eine ungeheure Vielzahl von keltischen Helden an, denen es eine Ehre war, an seinem Hof zu dienen. Von vielen kennen wir nichts weiter als den Namen, aber einige sind uns besser vertraut: Kai (später Sir Kay), Bedwyr (besser als Sir Bedivere bekannt) und Owain (Sir Yvain in den französischen und englischen Romanzen) gehören zu der phantastischen Kavalkade andersweltlicher Figuren, während Artus selbst die herausragende Gestalt abgibt, umhüllt von der Majestät und dem Mysterium der keltischen Welt.

In *Culhwch und Olwen* zum Beispiel muß er immer ein Geschenk geben, wenn er auf eine bestimmte Weise darum gebeten wird – doch gelegentlich kann er eine Ausnahme wagen:

> »Du sollst die Bitte erfüllt bekommen, die Kopf und Zunge nennen ... mit Ausnahme von meinem Schiff, meinem Mantel, meinem Schwert Caledvwich, meinem Speer Rhongomynyad, meinem Schild Wynebgwrthucher, meinem Messer Carnwennan und meiner Frau Gwenhwyvar.«

(nach der engl. Übers. v. J. Gantz)

Die Liste der andersweltlichen Waffen verrät, daß Arthur selbst sich zu diesem Zeitpunkt bereits andersweltliche Ursprünge zugelegt oder aber sie »gestohlen« hatte. Ein Hinweis darauf findet sich in dem frühen walisischen Gedicht *Preiddeu Annwn*[44] (»Die Beute [der Schatz] von Annwn«). Hier führt Artus einen Trupp Krieger an, die in das Reich der Toten eindringen, um den Kessel von Arawn zu stehlen, der alle Krieger, die man tot hineinlegt, wieder zum Leben erweckt.

Dahinter steckt mehr als nur ein weiteres Abenteuer. Es ist klar, daß Artus, als er diese Trophäe erlangte, auch die Macht eines Herrn der Anderswelt für sich errang. Daher überrascht es kaum, daß wir in einer anderen Geschichte erfahren, daß er befahl, den Kopf des Bran auszugraben, des großen Wächtergeists von Britannien, weil nur er allein, Artus Pendragon, die Insel verteidigen sollte.

Die bekannte Keltenforscherin Jean Markale sieht in diesen Episoden Zeichen für einen Konflikt zwischen Artus und den Herren der Anderswelt; daher besuchen zahlreiche Zauberer und Zauberinnen die Anderswelt, um sowohl Artus selbst wie auch seine Ritter auf die Probe zu stellen.

Ein anderes Erbe, rassisch wie religiös, können wir vielleicht auch in der Vielzahl der Königinnen und andersweltlichen Frauen erkennen, die gewissermaßen Repräsentantinnen der Göttinnen darstellen, die auf diesen Inseln einst verehrt wurden.

Artus' literarische Karriere setzte sich ungebrochen weitere dreihundert Jahre fort; in Britannien wie auch in Europa erschienen zahlreiche neue Geschichten und Nacherzählungen. Neue Figuren tauchten auf oder wurden in den Kreis um Artus hineingewoben. Keltische Krieger wie Gwalchmai und Lleminawg tauschten ihre alten Namen und Sitten gegen neue ein, und als Gawain und Lanzelot wurden sie zu den bekanntesten und am häufigsten beschriebenen Charakteren der gesamten höfischen Literatur des Abendlandes.

Artus wurde aber nicht immer nur schmeichelhaft dargestellt. In mehreren frühen Chroniken verleiht man ihm das Beiwort *Horribilis* und bezeichnet ihn als Tyrannen. In späteren Romanzen verliebt er sich in eine sächsische Zauberin, lebt zweieinhalb Jahre lang mit einer Halbschwester Guineveres, die an die Stelle der echten Königin gesetzt worden ist (das wird als Entschuldigung dafür genannt, daß die echte Guinevere und Lanzelot zum Liebespaar wurden), und verfällt allgemein in einen ziemlich trägen Zustand. Zahlreiche Bemühungen müssen unternommen werden, um ihn daraus zu befreien.

Doch trotz dieser (vergleichsweise geringen) Mängel bleibt Artus ein rundum glänzendes Beispiel für einen christlichen König. Als William Caxton 1485 seine Ausgabe von Thomas Malorys *Le Morte D'Arthur* herausbrachte, erzählte er in seinem Vorwort, wie viele Leute ihm schon Vorwürfe gemacht hätten, weil er noch keine Geschichte des berühmtesten christlichen Königs veröffentlicht hätte ... »von Artus, der unter uns Engländern vor allen anderen christlichen Königen erinnert werden sollte.«

Malorys Buch erzählt in unvergleichlicher Prosa Artus' Geschichte von seiner Geburt bis zum Tod. Es war der Schwanengesang für das versinkende Zeitalter der Ritter, das vor allem von Artus und seiner Tafelrunde verkörpert wurde. Dieses Werk hat dafür gesorgt, daß die Geschichten um die edle Gesellschaft der Tafelrunde nicht vergessen wurden und daß die Tradition, die sie verkörperten, ewig jung blieb.

Der mythische Held

Doch es wurde weit mehr als die Erinnerung an einen großen, heldenhaften Anführer aufgezeichnet. Durch die Taten des historischen Artus wurden in den Romanzen und Pseudo-Historien viel ältere Erinnerungen angerührt. Dahinter lag, wie auch hinter den keltischen Geschichten, eine weitere Dimension – ein älteres, tiefergehendes Muster mythischer Archetypen, die durch die Zeit und die Umstände in einen Zyklus verwandelt wurden, der die Prüfung der Jahrhunderte überstand und weiterhin einen tiefen Eindruck bei allen hinterläßt, die mit ihm in Kontakt kommen.

Von Zeit zu Zeit bekommen wir eine Ahnung von diesen mächtigen Gestalten hinter der Patina der keltischen oder mittelalterlichen Legenden, wie etwa in der Geschichte »Der Traum von Rhonabwy« im *Mabinogion*. Rhonabwy, der wohl im dreizehnten Jahrhundert in Wales gelebt haben mag, schläft auf einer magischen Stierhaut ein, was einen Traum aus der mythischen Vergangenheit bei ihm auslöst. Er sieht sich selbst und seine Gefährten über eine Ebene reiten, wo sie zuerst Iddawg begegnen, dem Sohn Mynyos, der wie folgt beschrieben wird:

> Er sah einen jungen Mann mit lockigem Haar und frisch gestutztem Bart auf einem gelben Pferd. Dieser Mann war grün von den Oberschenkeln bis zu den Füßen; er trug ein Hemd aus gelbem Brokat, das grün bestickt war. An seiner Seite hing ein Schwert mit einem goldenen Knauf in einer Scheide aus neuem Korduanleder mit einer goldenen Schnalle. Über dem Hemd trug er einen Mantel aus gelbem Brokat, der ebenfalls mit grüner Seide bestickt war, und das Grün der Kleider des Reiters und des Pferdes war in der Farbe von Tannennadeln, das Gelb wie vom Ginster. Seine Gestalt war so furchteinflößend, daß sie Angst bekamen und flohen, aber er setzte ihnen nach. Wenn sein Pferd ausatmete, waren sie voraus, aber wenn es einatmete, wurden sie davon bis zu dessen Brust herangezogen.
>
> *(nach der engl. Übers. v. J. Gantz)*

Falls wir noch Zweifel haben sollten, daß dies das erste Bild eines umfangreichen mythischen Szenarios darstellt, bekommen wir die Bestätigung dafür in der restlichen Geschichte, in der Rhonabwy und seine Gefährten nacheinander Mitgliedern von Artus' Truppe begegnen und schließlich auch dem König selbst. Als Iddawg Rhonabwy vorstellt, ist Artus' erste Reaktion zu fragen, wo er diese »kleinen Männer« gefunden habe, und dann das Schicksal des Landes zu beklagen, das »unter der Herrschaft solcher Winzlinge ist ... nachdem es zuvor solche Riesen gesehen hatte«.

Alle großen Helden erscheinen dem Sterblichen, der die Anderswelt betritt, wie Riesen, aber der Grund dafür ist, daß sie mythische Archetypen sind, die sich aus dem tiefsten Urgrund der menschlichen Vorstellungskraft herausentwickelten.

Weitere Hinweise darauf finden wir ein wenig später im gleichen Text, wenn Arthur und sein Neffe Owain *gwyddbwyll* spielen, ein schachähnliches Spiel mit tief symbolischen Qualitäten. Während dieses Spiels entwickelt sich ein Kampf zwischen Owains »Raben« und Artus' Männern, und eine Reihe von Boten treten vor und berichten von immer schlimmeren Metzeleien auf beiden Seiten. Jedesmal bitten entweder Artus oder Owain darum, daß ihre Kräfte sich zurückziehen, und jedesmal lautet die rituelle Antwort: »Spielt weiter«, bis schließlich Artus so in Wut gerät, daß er die Spielsteine zu Goldstaub zermalmt. Daraufhin endet der Kampf ebenso unvermittelt, wie er begonnen hatte.

Dieser seltsame Wettstreit hat mehrere Bedeutungsebenen. Owains Raben sind in Wirklichkeit andersweltliche Frauen mit der Fähigkeit, ihre Gestalt beliebig zu verwandeln; sie sind die Schwestern von Owains Mutter oder Tante, der Göttin Modron, die sowohl dem Archetypus der Großen Mutter wie der Schutzgöttin des Landes, der *Sovereignty*, entspricht – daher geht es auf einer anderen Ebene im Kampf zwischen Artus und seinem Neffen um die Herrschaft, um die Gewalt über das Land Britannien. Es ist vielleicht ein alljährlich stattfindendes Ereignis, das sich in der Anderswelt fortsetzt, auch nachdem Artus sich schon lange aus der menschlichen Welt zurückgezogen hat.

Denn der König ist auch, wie alle großen mythischen Helden, unsterblich. Am Ende seiner irdischen Laufbahn, nach der großen Schlacht von Camlan (deren Schauplatz unbekannt ist), in der er gegen seinen eigenen Sohn Mordred kämpft, erleidet er eine Wunde, die keine Menschenhand zu heilen vermag. Da tritt die Zauberin Morgan le Fay auf, Artus' Halbschwester, die bis zu diesem Augenblick stets seine unversöhnliche Feindin gewesen war. Nachdem sie die Wunde untersucht hat, bringt sie ihn in ihrem magischen Boot nach Avalon, dem Inselparadies der Kelten, wo er geheilt wird und auf den Ruf seines Landes in der Zukunft wartet, wenn es wieder in Not ist.

So entspricht Artus in allen Einzelheiten dem mythischen Archetypus. Von umstrittener Herkunft, erleidet er ein ebenfalls mysteriöses Ende. Seine Beziehung zur Göttin des Landes und deren Verkörperungen wird schon früh deutlich. Er ruft eine große Gefolgschaft von Helden an seine runde Tafel, die, wie Merlin meint, den runden Kreis der Welt spiegelt, aber auch den Himmelskreis. Er steht in polarisiertem Gleichgewicht zu Morgan, die immer gegen ihn wirkt – bis zum Ende, wo sie als seine Beschützerin und Wächterin auftritt. Er besitzt magische Waffen – besonders natürlich Excalibur, das er dem See zurückgeben muß, als er es nicht länger benötigt. Mit seinem Abschied wird die Welt zu einem ärmeren Ort; doch sein Traum von einem geeinten, vollkommenen irdischen Königreich bleibt, um durch die Zeitalter hindurch bis zum heutigen Tag und zweifelsohne darüber hinaus immer wieder aufgenommen und erneuert zu werden.

In den großen romantischen Erzählungen wird dieser Traum erweitert und ausgesponnen. Sie geben Artus' Laufbahn immer weitere Dimensionen, bedienen sich des großen Grals-Zyklus und fügen Abenteuer vieler Einzelhelden ein, bis diese gemeinsam so etwas wie eine Konstellation um den Zentralstern Artus bilden. Es geht dabei nicht allein um Merlins Traum von einem geeinten irdischen Königreich, das die höchsten Werte verkörpert, die dem Menschen bekannt sind; es zeigt sich vielmehr darin die innerste Sehnsucht eines Zeitalters, das selbst in seinen gewalttätigsten Momenten ständig nach dem Himmel strebte und die Hand Gottes zu berühren suchte. Und schließlich und endlich ist es ein Ausdruck für all das Gute in dem, was Sir Galahad in Thomas Malorys großartigem Buch »diese unsichere Welt« nannte.

Daß die Artus-Tradition weiterhin für all diese Dinge steht, ist Beweis genug für ihre ungeheure Ausstrahlungskraft und ihre Gültigkeit.

Übung 1: Der Sternenkönig

Diese Übung soll einen Kontakt zur inneren Realität hinter dem Artus-Mythos herstellen. Aus dieser ersten Begegnung können bei der weiteren Erforschung des uralten Geheimnisses der Artus-Tradition viele weitere Dinge entstehen.

Schließe die Augen und stell dir vor, du stehst auf dem Gipfel eines hohen Berges. Es ist dunkel, und ringsum ertönen die Laute der Nacht: Ein Fuchs bellt, eine Eule kreischt schrill auf. Aber darüber hinaus ist die Luft selbst von einer Energie erfüllt, die in dir weiterklingt wie ein tatsächlicher Ton. Du blickst auf und siehst, daß der Himmel sternenübersät ist. Sie scheinen so klar und deutlich, daß du das Gefühl hast, du könntest die Hand ausstrecken und sie berühren. Während du noch schaust, wird deine Aufmerksamkeit auf einen bestimmten Teil des Himmels gelenkt, den Norden. Dort nimmst du ein Sternenmuster wahr, das dir vorher noch nicht aufgefallen war. Die Sterne bilden dort einen ungefähren Kreis, in dessen Mitte sich ein leeres Stück Himmel zeigt. Dieser Kreis scheint größer zu werden und näher zu rücken, bis du hineinschaust wie in ein Fenster des Himmels.

In diesem Fenster tauchen nun zahlreiche neue Sterne auf und bilden allmählich die Gestalt einer gekrönten, von Licht umhüllten Figur. Das ist der Sternenkönig, der stets hinter dem Archetyp des Artus steht. Dann streckt sich eine große Hand an dem Lichtarm aus, und du spürst, wie du hochgehoben, von einer mächtigen Hand umfangen und auf einer Wolkeninsel abgesetzt wirst. Der Boden unter deinen Füßen ist fest, und du gehst ein paar Schritte, bis du vor dir einen niedrigen grünen Hügel siehst, auf dem ein paar Bäume wachsen. Dort, im Schatten der großen Äste, sitzt der König, das Kinn in die Hand gestützt, und starrt hinaus auf etwas, das du noch nicht erkennen kannst. Sobald du dich näherst, dreht er sich um, und du siehst, wie sich in seinen Augen viele Dinge spiegeln: der Sternenhimmel, dein eigenes Gesicht und etwas anderes, ein Verständnis und ein Erkennen deines Schicksals. Du hast Gelegenheit, mit ihm zu sprechen, falls du das wünschst, aber du kannst auch einfach eine Weile still mit ihm da sitzen und mit ihm wachen, bis es Zeit wird für dich, zu gehen ...

Du wirst genau wissen, wann der Augenblick des Abschieds gekommen ist, und dich dann vom König verabschieden. Ehe du gehst, erteilt er dir einen Segen, den du entweder annehmen oder ablehnen kannst. Wenn du ihn akzeptierst, kannst du sicher sein, daß er auf viele Wochen und Monate in deinem Leben spürbar sein wird.

Du drehst dich um und gehst von der Insel fort über den Wolkenboden. Dann spürst du, wie du erneut sanft emporgehoben und getragen und dann dort abgesetzt wirst, wo zuvor dein Ausgangspunkt war. Der Sternenkreis wird kleiner und rückt weiter in die Ferne, und dir wird wieder der Nachthimmel und der Hügel bewußt, auf dem du stehst. Dann verschwimmt auch das langsam, und du erkennst wieder deine normale Umgebung.

Öffne die Augen und stelle den Kontakt zur normalen Umwelt wieder her.

2. Merlin und die Prophezeiungen: Visionen und Zauber auf Camelot

Diejenigen, die Merlin gut kannten und die Uther Pendragon gedient hatten, traten vor den König und sagten: ›Sir, ehret Merlin, denn er war Eurem Vater ein guter Prophet und hat Eure Familie stets sehr geliebt. Er hat Vortigern seinen Tod vorausgesagt, und er war es, der die runde Tafel herstellen ließ. Sorgt dafür, daß er hoch geehrt wird, denn Ihr werdet ihn nie nach etwas fragen, das er Euch nicht sagen könnte.‹ Arthur erwiderte, daß er dies tun würde.

Didot-Perceval[70]

Gott oder Druide?

Nirgendwo wird die innere Natur der Artus-Tradition deutlicher und konzentrierter erkennbar als in der Gestalt Merlins. Als Berater dreier Könige, als Prophet, Magier und Weiser nimmt seine schattenhafte Gestalt selten lange genug Form an, als daß man sein wahres Wesen ausmachen könnte. Seine Herkunft innerhalb der »Materie Britanniens« ist fast ebenso komplex.

Ein Kommentator hat ihn einen »Gott der alten Eingeborenenstämme Britanniens« genannt; seine Heimat in Maridunum war demnach gleichzeitig Schauplatz seines Kults[1]. Andere haben ihn als Schamanen oder wilden Mann[83] bezeichnet, als einen inneren Wächter des Landes[32] oder als einen Seher, dessen Prophezeiungen auch für unsere Zeit hohen Wert haben.[78] Aber er entzieht sich allen eindeutigen Definitionen: Seine Ursprünge und sein letztendliches Schicksal bleiben weiter so geheimnisumwoben wie zum Zeitpunkt seines ersten Auftritts. Selbst in seinen eigenen Worten bleibt er undurchschaubar: »Weil ich dunkel bin und immer sein werde, soll mein Buch dunkel und geheimnisvoll an jenen Stellen sein, an denen ich mich nicht zeigen will.«[70]

Einige Aspekte seiner Laufbahn können wir jedoch aufzeichnen. In erkennbarer Gestalt erscheint er zuerst in den Schriften des Pseudohistorikers des zwölften Jahrhunderts, Geoffrey von Monmouth, der die Geschichten um Merlin vielleicht in seiner Kindheit in Monmouth hörte oder in seinen späteren Jahren als Bischof von St. Asaph in Nordwales. Wie auch immer, Merlin spielt eine entscheidende Rolle in seiner *History of the Kings of Britain*, und er verfaßte (oder sammelte) auch einen Band mit Merlins Prophezeiungen, die er als Teil der Frühgeschichte Britanniens in sein größeres Werk einfügte.

Der Wahrheitsgehalt von Geoffreys Werk ist seit Jahrhunderten bei den Gelehrten heftig umstritten. Doch während viele frühe Kritiker ihn als einen offenkundigen Fälscher verdammten, schätzt die neuere Forschung eher seinen Wert als Chronisten traditioneller Geschichten und Volkslegenden. R. J. Stewart hat in seiner wertvollen Studie über Merlins Prophezeiungen[78] festgestellt, daß Geoffrey Zugang zu einer großen Vielfalt an Material gehabt haben muß, in dem Merlins inspirierte Reden aufgezeichnet waren. Ob diese allerdings völlig echt waren oder bereits eine Merlin-Tradition darstellten, muß noch eindeutig geklärt werden.

Die Geschichte von Merlins größtem prophetischen Erguß, wie Geoffrey sie schildert, soll im folgenden besonders ausführlich dargestellt werden.

Vortigern, ein unbedeutender König, strebt die Macht

an, indem er sächsische Söldner einstellt, um die Pikten im Norden und seine übrigen Feinde im Land zu bekämpfen. Er hat kurzfristig Erfolg, aber sein Stern sinkt bald wieder, als immer mehr Sachsen nachfolgen und immer größere Landstriche besiedeln. Schließlich kehren die exilierten Söhne des ehemaligen Hochkönigs von Britannien an der Spitze einer Armee zurück, und Vortigern flieht nach Wales, wo er eine Festung bauen will. Er wählt einen Platz dafür aus und beginnt mit den Arbeiten, aber Nacht für Nacht wird alles, was am Tag zuvor erschaffen wurde, von mysteriösen Händen wieder vernichtet. Vortigern berät sich mit seinen Druiden und erfährt, daß nur das Blut eines vaterlosen Kindes, das man auf den Steinen vergießt, die Vollendung der Festung garantieren wird. Vortigerns Soldaten werden auf die Suche nach einem solchen Kind geschickt und entdecken Merlin in Carmarthen (das Wort stammt Geoffrey zufolge von *Caer Myrddyn* ab, Merlins Stadt). Er ist der Sohn einer walisischen Prinzessin, aber niemand kennt seinen Vater. Man bringt die Frau und ihr Kind vor Vortigern, und Merlins Mutter erklärt, sie habe stets ein frommes und keusches Leben geführt, sei aber in ihrer Kammer von einem goldenen Wesen besucht worden, das das Kind gezeugt habe. Vortigern neigt dazu, dies nicht zu glauben, aber Merlin selbst ergreift das Wort, um seine Mutter zu verteidigen, und behauptet vor Vortigern und seinen Druiden, den wahren Grund zu wissen, warum der Turm immer wieder einstürzt. Er sagt, unter dem Hügel befände sich ein Teich, und in ihm läge ein Steinsarg mit zwei Drachen, der eine rot, der andere weiß. Diese würden Nacht für Nacht miteinander kämpfen und den Boden zum Erzittern bringen, worauf die Fundamente der königlichen Steinmetze immer wieder einstürzten. Vortigern befiehlt seinen Männern, dem nachzugehen, und sie finden alles genauso, wie Merlin es vorhergesagt hatte. Das weise Kind erklärt daraufhin, daß der rote Drache Britannien symbolisiere, der weiße die Sachsen, und prophezeit, daß nach einer Weile der weiße Drache den roten besiegen würde. Dann fällt er in Trance und schildert auf den folgenden zwölf bis vierzehn Seiten von Geoffreys Werk die Zukunft des Volkes bis zum Ende aller Zeiten. Unter anderem prophezeit er auch die Ankunft von Artus, dem »Eber von Cornwall«, der die Eindringlinge besiegen wird, denn er zertrampelt ihre Köpfe unter seinen Füßen. Dann warnt Merlin Vortigern vor seinem bevorstehenden Tod. Das Ende dieses ungewöhnlichen Ausbruchs ist apokalyptisch, mit Hinweisen auf eine Rebellion in den planetarischen Häusern und einen todbringenden Regen:

> In einem einzigen Augenblick werden die Meere sich erheben, und die Arena der Winde wird sich erneut auftun. Die Winde werden miteinander kämpfen mit wildem Getöse, und ihr Tosen wird von einem Sternbild zum anderen zu hören sein.
>
> *(nach der engl. Übers. v. L. Thorpe)*

Struktur und Inhalt dieser Prophezeiungen verraten eine bemerkenswerte Einsicht in die inneren Gezeiten, die das Schicksal der Welt beherrschen. Merlins Zukunftsvision ist ebenso furchterregend wie alles, was von Nostradamus und anderen vorhergesagt wurde. Wo immer Geoffrey das Material für diesen Teil des Buches fand, es entstammt eindeutig nicht seinen eigenen Gedanken, was, wie bereits erwähnt, darauf hinweist, daß er irgendwie an einen Korpus von alten Sagen und Legenden über Merlin gelangt sein muß.[77]

Geoffrey selbst behauptete, wie bereits erwähnt, daß er nur »ein gewisses sehr altes Buch aus dem Britischen übersetzt habe«, das ihm der Erzdiakon Walter von Oxford geliehen hatte; dies sei die Quelle von allem, was er schrieb. Es gibt jedoch keinerlei Anzeichen für die Existenz eines solchen Buches, und man hält es allgemein für eine Erfindung Geoffreys, um seinen phantasievollen Geschichten mehr Gewicht zu verleihen. Es gibt zwar eigentlich auch keinen Grund, warum ein solches Buch nicht existiert haben sollte, doch es ist offensichtlich, daß Geoffrey seine Quellen beträchtlich ausgeschmückt hat. Es ist bekannt, daß die Quelle der oben beschriebenen Geschichte das Werk eines gewissen Nennius ist, eines Mönchs aus dem sechsten Jahrhundert – möglicherweise eine der wenigen authentischen Quellen aus der Artus-Ära. Sein jugendlicher Prophet hieß Ambrosius, und es scheint, daß Geoffrey, um ihn nicht mit Konstantins Sohn Ambrosius zu verwechseln, der Vortigern besiegte, den Namen Merlin von einer früheren, einheimischen Gestalt ausborgte: Myrddyn Wyllt, der Wilde, der möglicherweise tatsächlich im sechsten oder siebten Jahrhundert in Wales oder in Schottland gelebt hat.[83]

Das macht ihn natürlich zum ungefähren Zeitgenossen von Artus, und es ist möglich, daß hier eine echte Tradition des großen Kriegsherrn und seines begabten Beraters vorlag, die überliefert wurde und in leicht verzerrter Form in Geoffreys Werk wieder auftauchte.

Was immer die Wahrheit in dieser Angelegenheit auch sein mag, Geoffreys Buch hatte eine grundlegende Wirkung auf die Geschichten um Merlin. Das Werk war, wie bereits erwähnt, das ganze Mittelalter hindurch ein Bestseller und mag sehr wohl den ersten Anreiz für das Phänomen der Artus-Literatur gebildet haben. Nach der Episode mit Vortigerns Turm und den ersten großen Prophezeiungen vollbrachte Merlin mehrere ungewöhnliche Dinge: Unter anderem gelang es ihm, einen Ring aus magischen Steinen, den »Tanz der Riesen«, von Irland auf die Ebene von Salisbury zu verlegen, wo er zu einem riesigen Mausoleum für die Könige Britanniens wurde – heute als Stonehenge bekannt.

Merlin war zwar eindeutig nicht für den Bau dieser großen megalithischen Anlage verantwortlich, aber es ist durchaus möglich, daß Geoffrey hier eine uralte Tradition schildert, die mit den ursprünglichen Erbauern des Steinkreises in Verbindung steht.[75] Merlin diente im folgenden beiden Söhnen von König Konstantin, Ambrosius Aurelianus sowie Uther Pendragon, der zum Vater von Artus wurde. Auch hier verdanken wir Geoffrey die berühmte Geschichte von der Empfängnis des Helden, in der Merlin Uther auf magische Weise die Gestalt des Gatten der Herzogin von Cornwall verleiht, damit er mit ihr schlafen und den künftigen König zeugen kann.

Später wird Merlin zu Artus' Berater, und in dieser Funktion haben wir ihn am deutlichsten in Erinnerung, denn er erscheint so in allen Nacherzählungen und späteren Versionen, die Geoffreys erstem Bericht folgten. Er dient also drei Königen als Prophet und Berater, und für jeden erreicht er Bemerkenswertes. Nie wird er jedoch als bloßer Hofmagier dargestellt – er strahlt stets etwas Ruheloses, Unbezähmbares aus; Reste einer wilden und andersweltlichen Dimension haften ihm weiterhin an. Und auch diesen Aspekt verdanken wir bereits Geoffrey von Monmouth.

Das Leben Merlins

Denn Geoffrey hatte die Gestalt des Merlin damit noch nicht abgeschlossen. Er schrieb ein weiteres Buch in lateinischen Versen, *Vita Merlini* (»Das Leben des Zauberers Merlin«)[20], in dem er seine Schilderung des berühmten Propheten auf noch mehr Einzelheiten ausdehnt. Doch er malt hier ein völlig anderes Bild als in den frühe-

Merlin. Von Aubrey Beardsley

ren Werken. Merlin ist hier ein Prinz von Rang, der bei dem Gemetzel in der Schlacht von Arderydd wahnsinnig wird, fortrennt und viele Jahre wie ein wildes Tier in der Wildnis lebt, ehe er schließlich geheilt und als großer Prophet und Weiser anerkannt wird.

Auch hier bezieht sich Geoffrey wieder auf die Traditionen, die die geheimnisvolle Gestalt Myrddyn Wyllt umgeben, der in der Zeit nach Artus in Britannien gelebt zu haben scheint und wohl auch Aspekte einer noch früheren, möglicherweise gottähnlichen Gestalt verkörperte. Einige Schriften dieses historischen Myrddyn haben tatsächlich überlebt, und er erweist sich darin als kein schlechter Poet:

Apfelbäume

Süßer Apfelbaum, der üppig gedeiht,
ich speiste an seinem Stamm mit der schönen Maid.
Mit dem Schild auf der Schulter
und dem Schwert an der Seite
schlief ich allein im Wald von Celyddon.

Du kluges Ferkel, komm mal her
und lausche auf der Vögel Lied.
Montag kommen Herrscher übers Meer
gesegnet wird Cymru (Wales) und all sein Gebiet.
Süßer Apfelbaum, der am Flusse blüht!
Doch die süßen Früchte sind nicht mein.
Ich war nicht klug, doch voll Gemüt
lag ich mit der schönsten Maid.
Zehn und vierzig Jahr war ich ein Spielball
   unruhiger Kräfte,
wanderte ich düster und ohne Ziel.

Süßer Apfelbaum im rosa Hauch
versteckt im Wald von Celyddon
sie suchten deine Früchte, doch vergebens,
bis Cadwaladyr auf Rhyd Rheon trifft
Und Cynon gegen die Sachsen zieht
und Cymraig ruhmreich wieder siegt.
Sie haben ihr Recht, und die Brython sind froh,
Stoßen wild ins Horn und singen dazu
ein Lied von Frieden und Glück!

(nach der engl. Übers. v. W. F. Skene,
Four Ancient Books of Wales)

Hier wimmelt es von seltsamen Andeutungen und den Überresten einer Tradition, die Myrddyn als wilden Mann in den Wäldern schildert, der nur ein Ferkel zur Gesellschaft hat (das Schwein wurde von den Kelten als heilig betrachtet). Es zeigt, daß Merlin (oder Myrddyn), ganz davon abgesehen, was er sonst noch gewesen sein mag, ein wichtiger Bestandteil der alten bardischen Tradition von Wales war. Zusammen mit den Werken von Taliesin, Aneurin und Llwyarch Hen bilden seine Schriften einen bedeutsamen Korpus an Literatur, der bis auf den heutigen Tag überlebt hat, allerdings nicht ohne beträchtliche Überarbeitungen. Ich habe diese Tradition an anderer Stelle ausführlich untersucht[59] und bewiesen, daß hier die letzten Reste eines britischen Schamanentums vorliegen. Dieses Material klingt zwar etwas anders als die Berichte über Merlins späteren Werdegang, aber auch in diesem primitiveren Strang finden wir viele seiner magischen Handlungen wieder.

Indem Geoffrey die verschiedenen, fragmentierten Stränge der Tradition zusammenwebte, schuf er eine Grundlage, auf der viele Generationen von Schriftstellern aufbauen konnten. Der wunderwirkende Prophet der *History* und der *Vita* erwies sich beim mittelalterlichen Publikum als höchst beliebt – und blieb es in der Tat bis auf den heutigen Tag. Es folgten zahlreiche Texte, die seine Rolle noch stärker ausweiteten, bis er innerhalb der Artus-Tradition zu einer zentralen Gestalt wurde.

Der Sohn des Teufels

Doch für jemanden wie Merlin, der so gut die Sterne und die Zukunft zu deuten wußte, war es wohl unvermeidlich, daß er im mittelalterlichen Bewußtsein allmählich mit der Vorstellung der Geisterbeschwörung und damit mit dem Teufel in Verbindung gebracht wurde. Als Robert de Boron, ein burgundischer Schriftsteller des zwölften Jahrhunderts, sich wie zuvor bei den Grallegenden (siehe Kapitel 6) daran machte, einige Lücken in den früheren Geschichten um Merlin mit Details aufzufüllen, ergab dies einen ganz anderen Bericht.

Er beschrieb die Dämonen der Hölle, die über Christi Abstieg und die Läuterung ihres übervölkerten Reiches erzürnt waren und die Geburt eines Antichristen planten – Merlin. Sie schickten einen der Unterteufel, die als *Succubi* bekannt waren, zu einer unschuldigen Prinzessin von Dyfed, um mit dieser ein Kind des Bösen zu zeugen. Diese Pläne werden aber vereitelt durch die angeborene Frömmigkeit der Mutter, die das Kind durch einen Priester taufen läßt, ehe das Böse es völlig in Besitz nehmen kann. Merlin trägt bei seiner Geburt einen haarigen Pelz und ist sogleich in der Lage, zu sprechen und seinen Verstand zu gebrauchen. Das Haar fällt bei der Taufe aus, aber er behält die Sprache und die andersweltliche Hellsehergabe.

So werden Merlins Fähigkeiten einer christlichen Leserschaft plausibel gemacht: Aus dem »goldenen Fremden« der früheren Geschichten wird ein Dämon, der Gott wird zum Teufel, und Kräfte, die für einen keltischen Gott völlig angemessen gewesen wären, werden nun magisch und wundersam – das Produkt einer Geisterbeschwörung. Die Wirkung bleibt jedoch die gleiche: Merlin herrscht unangefochten als Zauberer und Magier.

Interessanterweise wird Merlins Mutter hier als eine Prinzessin von Dyfed beschrieben. In Geoffreys *Vita Merlini* wird er, wie wir uns vielleicht erinnern, ebenfalls als Prinz bezeichnet. Das scheint einen weiteren Faden zum komplexen Gewebe der Assoziationen hinzuzufügen. Es gibt keinerlei Aufzeichnungen über einen Edelmann mit Namen Merlin oder Myrddyn im sechsten Jahrhundert, aber das bedeutet noch nicht, daß eine solche Person nicht existiert haben könnte. Die Überlappung von mythischen und historischen Gestalten ist ohnehin so undurchdringlich, daß es kaum noch möglich ist, das eine vom anderen zu unterscheiden.

Auf die gleiche Weise scheint Merlin, der Prophet, einige der Eigenschaften und Fähigkeiten eines inspirierten halb-mythischen Verrückten namens Lailoken angenommen zu haben, der vermutlich etwa zur gleichen Zeit wie Merlin lebte und aus den Grenzgebieten von Schottland stammte. Über diese Gestalt erhält Merlin auch bestimmte Aspekte des schottischen Heiligen St. Kentigern, dessen Geschichte an mehreren Stellen die des Magiers spiegelt und der Lailoken wieder zu klarem Verstand verhalf.

Eine Geschichte, die Merlin und Lailoken gemeinsam haben, betrifft ihr Lachen. Beide lachen dreimal zu unpassender Gelegenheit und verraten dadurch ihr übernatürliches Wissen. Merlin lacht über die Frau seines Freundes, König Rhydderch, als er sieht, daß sich ein Blatt in ihrem Haar verfangen hat – verräterische Folge eines ehebrecherischen Stelldicheins –, dann über einen Bettler, der, wie er weiß, auf einem Topf Gold sitzt, und ein drittes Mal über einen Jungen, der sich ein neues Paar Schuhe kauft, aber noch am gleichen Tag sterben wird.

Dieses Thema ist alt und stammt ursprünglich aus orientalischen Quellen – wie auch einige andere Aspekte von Merlins Leben. Dies bewog einen Kommentator zu der Annahme, Merlins Ursprünge lägen vielleicht weiter im Osten, als wir bislang vermuteten[18]. Dies soll jedoch nur zeigen, wie eng Merlin allmählich mit dem klassischen Bild des Magiers und Zauberers in Verbindung gebracht wurde. Wie bei zwei anderen Dichtern, dem keltischen Taliesin und dem Römer Virgil, bewirkten seine eindeutigen Kenntnisse über andere Ebenen von Sein und Bedeutung, daß man ihn als Magier betrachtete. Das prophetische Element wurde von Lailoken oder aus noch älteren Quellen übernommen, und schließlich entstand das Bild eines weisen Magiers und Beraters an Artus' Hof.

Dazu kommt noch die Vorstellung von einem schamanischen Hintergrund von Merlin. Mehrere Spuren davon sind nachzuweisen: seine Fähigkeit, willentlich die Gestalt zu wechseln (besonders in die Gestalt eines Hirschen, eines typisch schamanischen Totemtiers), seine prophetischen und inspirierten Äußerungen und das Motiv des dreifachen Todes, das R. J. Stewart in seinen beiden Büchern über Merlin herausgearbeitet hat.[77, 78]

Dabei fragt ihn seine Schwester Ganeida, um seinen wiedergewonnenen Verstand auf die Probe zu stellen, nach dem gleichen Jungen in drei verschiedenen Verkleidungen. In jedem Fall sagt Merlin ein anderes Ende für den Jungen voraus, der hängen, ertrinken und sich zu Tode stürzen wird. Die Weissagung erfüllt sich, als der Junge von einer Klippe stürzt, sich mit dem Knöchel in einer Baumwurzel unter Wasser verfängt und dabei ertrinkt.

In der Geschichte des wahnsinnigen Lailoken prophezeit der Seher diesen dreifachen Tod für sich selbst, und daraus können wir getrost schließen, daß das gleiche ursprünglich auch für Merlin galt. Das Motiv ist sehr alt und stammt letztendlich aus der Initiation, dem Einweihungstod des Schamanen. Es taucht im esoterischen Symbolismus als Tarotkarte des »Gehängten« wieder auf und deutet auf die Beziehung des Magiers/Schamanen zu den Elementen hin.

Wir können zwar diese Aspekte von Merlin einzeln nachverfolgen, aber das Gesamtbild bleibt konstant und deutet auf eine einzige Gestalt hinter den projizierten Aspekten. Selbst die Art seines Abschieds von der Welt ist trotz oberflächlicher Unterschiede insgesamt sehr ähnlich.

Merlin und Nimue

Der Hinweis auf die »schöne Maid« in dem oben zitierten Gedicht deutet vielleicht auf das Alter dieses letzten Themas hin. Gemeint ist Merlins fatale Liebe zu Nimue, die manchmal auch Niniane oder Vivienne heißt und seine Macht gestohlen haben soll und sie benutzte, um ihn für alle Zeiten bei lebendigem Leibe zu binden.

Wir begegnen Nimue zum ersten Mal in dem großen arturischen Sammelwerk, das unter dem Titel *The Vulgate Cycle* (»Vulgate-Zyklus«)[71] bekannt ist. Diese umfangreiche Sammlung von Geschichten und Kommentaren wurde in der ersten Hälfte des dreizehnten Jahrhunderts von Schreibern des Zisterzienserordens aufgezeichnet, der von dem berühmten mittelalterlichen Theologen Bernard von Clairvaux gegründet worden war. Das Material wurde zwar ausdrücklich christianisiert, aber es bediente sich auch einer Vielzahl von früheren Werken, darunter einem, das eine komplexe Nacherzählung von Robert de Borons *Merlin* darstellte.

Wir hören hier von dem Jäger Dionas, der wegen seiner Verehrung der Göttin Diana so genannt wird. Er hat eine Tochter namens Niniane, über die die Göttin die folgende Prophezeiung aussprach:

> »Ich gebe dir, ebenso wie der Gott des Meeres und der Sterne ... daß das erste weibliche Kind, das du bekommst, vom klügsten Mann auf Erden begehrt werden wird ... und er wird ihr vieles von seiner Klugheit und List in Dingen der Geisterbeschwörung beibringen, und er wird sie nach dem ersten Anblick so sehr begehren, daß er keine Macht mehr haben wird, etwas gegen ihren Willen zu tun, und alles, was sie zu wissen begehrt, wird er sie lehren.«
>
> *(Nach der mittelenglischen Version, vom Autor leicht überarbeitet)*

Niniane wird also auf gewisse Weise als Mündel der Göttin betrachtet, ebenso wie ihr Vater als ein »Gottessohn« bezeichnet wird, ein euphemistischer Ausdruck für seine Verehrung Dianas. Die Prophezeiung selbst erweist sich als wahr in der folgenden Geschichte, wie Malory sie schildert:

> Merlin verliebte sich in eine Jungfrau vom See, die hieß Nimue. Merlin ließ nicht von ihr ab und wollte immer bei ihr sein, und sie machte Merlin Hoffnung, bis sie von ihm alles erfahren hatte, was sie erfahren wollte ... Merlin folgte ihr, wo immer sie hinging. Und immer trachtete Merlin danach, ihr die Jungfräulichkeit zu nehmen, doch sie war seiner schon längst überdrüssig und wäre ihn gern losgeworden, weil er ein Sohn des Teufels war ... Da geschah es einmal, daß Merlin ihr einen Felsen zeigte, der ein großes Wunder barg, und einen Zauber auf den legte, der unter den großen Stein ging. Mit verführerischen Worten erreichte sie, daß Merlin unter den Stein trat, um ihr das Wunder vorzuführen, und da bewirkte sie, daß er trotz all seiner Künste, die ihm zu Gebote standen, nicht mehr unter dem großen Stein hervorkommen konnte. So ließ sie Merlin eingeschlossen zurück.
>
> *Malory, Buch IV, Kap. 1*

Dieses ziemlich unschmeichelhafte Portrait des alternden Merlin, der von der schönen Feenmaid besessen ist (eine der Jungfrauen vom See!), die ihm seine Geheimnisse entlockt und sie dann benutzt, um ihn einzusperren, scheint Teil der allgemeinen Tendenz bestimmter mittelalterlicher Schriftsteller, eine christliche Deutung des oft recht primitiven heidnischen Materials anzustreben. So wird Merlin zum Sohn des Teufels statt einem andersweltlichen Wesen, und Nimue, deren Vater der Göttin Diana diente, wird als Verführerin beschrieben, deren Macht einzig und allein von Merlin selbst stammt.

In der *Vita Merlini* wird Merlin mit einer Schwester dargestellt, Ganeida, deren Klugheit seiner eigenen in nichts nachsteht. Als für ihn der Augenblick kommt, wie bei allen hohen Eingeweihten, sich aus der Welt zurückzuziehen, geht Merlin zusammen mit Ganeida in ein wunderbares Observatorium mit zweiundsiebzig Fenstern, wo sie die Sterne beobachten und ausführliche philosophische Diskussionen über den Sinn der Schöpfung führen. Vielleicht kann man in dieser Geschichte den Ursprung der Nimue-Gestalt finden, die sich von der Schwester zur Verführerin wandelt und dann mit weiblicher List Merlin seine Geheimnisse entlocken muß. Selbst die Darstellung von Merlin als altem Mann beruht auf einer Fehldeutung – sein Alter ist nirgendwo eindeutig beschrieben, und er nimmt vielfach die Gestalt eines Jungen wie auch die eines alten Mannes an.

Von Bedeutung ist auch, daß die letzte Person, die Merlins Stimme hört, eine Figur ist, die in den Werken der späteren, vornehmlich christlichen Deuter ebenso abgewertet wurde. Es handelt sich um Gawain, der, wie an anderer Stelle beschrieben, sein Leben als Held der Göttin begann und es als Mörder und Wüstling beendete.[58] Es scheint daher völlig angemessen, daß es Gawain ist, der an dem großen Felsen vorbeikommt, unter dem der Zauberer gefangen liegt, und den »Ruf Merlins« vernimmt.

Später wird Merlins Grab als *Perron de Merlin* bekannt, als Merlins Stein, und hier treffen sich die Ritter der Tafelrunde, um an dieser Stelle ihre Abenteuer zu beginnen. Selbst in diesem zurückgenommenen Zustand beeinflußt Merlin also die Geschehnisse der arturischen Welt, und die Samen, die er in den ersten Tagen von Artus' Herrschaft säte, bereiteten tatsächlich den Weg für die große Gralssuche – aber das sollte sich erst viele Jahre nach seinem Abschied ereignen.

Übrigens bemerkt Merlin in einer anderen Version, daß er sich zurückziehen müsse, denn: »Jene, die sich hier versammelt haben, müssen glauben, was sie sehen, und ich möchte nicht, daß sie denken, ich hätte es bewirkt.«[70] Damals wie heute bedeuten die Worte eines zurückgezogenen Propheten mehr als die eines lebenden Lehrers.

Die geheimnisvollste Version von Merlins Abschied ist die, die ihn in einem *Esplumoir* verschwinden sieht – ein Wort, das nicht genau definiert werden kann. Manchmal wird es als »Mauserkäfig« interpretiert, in dem Falken zum Mausern eingesperrt werden. Die symbolische Bedeutung ist offensichtlich: Merlin zieht sich zurück, um die Gestalt seines gegenwärtigen Lebens abzulegen und ein neues spirituelles Gewand anzulegen. Aus diesem Mauserkäfig heraus kann er mehr sehen als jemals zuvor, und sein Einfluß dehnt sich noch weiter aus, bis über die Grenzen des arturischen Reiches und in die ganze Welt hinaus. Er bleibt, wie C. G. Jung meint, »der uralte Sohn der Mutter«[16], fähig, die größten Tiefen wahrzunehmen und in den inneren Bereichen für die Integration der Menschheit mit der Gottheit zu wirken – letztendliches Ziel all solcher Mitarbeiter Gottes.

Wir sehen also, daß Merlin auf jeder Stufe dem Bild des inneren Meisters entspricht, der großen Seele, die fähig ist, bewußt an der äußeren Gestaltung der Geschichte und der Schöpfung teilzunehmen. Allein seine Gegenwart hebt die Artus-Tradition über viele ähnliche Sagen hinaus. Wir werden in den nächsten Kapiteln weiter untersuchen, wie diese innere Dimension ständig in den äußeren Ablauf der Geschichten eingreift.

Übung 2: Merlins Turm

Du stehst auf einem grasbewachsenen Weg, der sich zwischen Feldern und blauen Kornblumen hindurchwindet. Vor dir, nicht weit entfernt, erhebt sich ein hoher, schlanker Turm in die klare Morgenluft. Beim Näherkommen siehst du, daß er mehrere schmale Fenster hat, die auf fünf Stockwerke schließen lassen, und eine hölzerne Tür, die aber verschlossen ist. Sie trägt einen seltsamen Bronzeklopfer, der aus miteinander verschlungenen Schlangen gebildet ist. Auf der Tür steht: *Die Weisheit des Herzens*.

Du hebst den Klopfer an und schlägst dreimal gegen die Tür. Da öffnet sie sich von allein und gibt den Blick frei auf eine ausgetretene Steintreppe, die nach oben führt. Du steigst sie hinauf und zählst dabei die Stufen. Dabei bemerkst du, wie sich dein Körper verändert: Dein Atem geht langsamer, dein Puls schlägt in einem starken, stetigen Rhythmus, dein Blick wird klarer – so daß du keine Mühe hast, den Weg zu finden, obwohl es im Turm dunkel ist.

Bald erreichst du den ersten Stock und stehst in einem runden Raum, in dem als einziges Möbelstück ein großer Spiegel in einem reichverzierten, geschnitzten Rahmen hängt. Eine zweite Treppe führt weiter nach oben. Du kannst entscheiden, ob du vor den Spiegel treten und dich betrachten willst, und er wird dir entweder dein wahres Selbst oder ein Ereignis aus deinem vergangenen oder zukünftigen Leben zeigen. Wenn du das nicht möchtest oder wenn du bereits eine Weile vor dem Spiegel verbracht hast, beginnst du die nächste Treppe emporzusteigen. Dabei spürst du erneut, wie sich deine Wahrnehmung verschärft, so daß die Steine, die deine Finger streifen, wie lebendig wirken, ebenso wie die Luft, die du atmest, und sie scheint auch viel klarer, als du es in einem Turm erwarten würdest.

Bald gelangst du zum zweiten Stockwerk und stehst in einem Raum, der mit dem ersten fast identisch ist, nur daß an den Wänden ringsum Gobelins hängen mit Szenen, die eine tiefe persönliche Bedeutung für dich haben. Wiederum können es Ereignisse aus deinem vergangenen oder zukünftigen Leben sein, oder aber Bilder von archetypischer Bedeutung mit einem Sinn, der nicht nur für dich gilt, sondern eine umfassendere Bedeutung hat. Du kannst wie zuvor entscheiden, ob du sie in allen Einzelheiten betrachten oder deinen Aufstieg fortsetzen möchtest, denn wieder führt eine Treppe weiter nach oben.

Beim Aufstieg bemerkst du wiederum Veränderungen, diesmal dein Gehör betreffend. Leise Geräusche – wie Mäuse im Mauerwerk, Spinnen, die ihr feines Netz weben, Vögel, die draußen singen – werden kristallklar und scharf. Ganz weit entfernt vernimmst du Stimmen, die ein Lied von überirdischer Schönheit singen.

Dann gelangst du auf die dritte Ebene und stehst diesmal in einem Raum, der voller Licht ist, das aus einer großen Kristallkugel in der Mitte stammt. Wenn du möchtest, kannst du darauf zugehen und hineinblicken. Du wirst darin möglicherweise sehen, auf welche Weise sich deine tiefsten Wünsche erfüllen. Das könnte hart sein, denn nicht alle Dinge, die man sich wünscht, ereignen sich so, wie man es gern hätte. Wenn du nicht in die Kugel blicken möchtest, beginnst du den Aufstieg zur nächsten Ebene. Wenn du hineinsehen möchtest, gehst du im Anschluß daran weiter die Treppe hinauf.

Diesmal ist die Veränderung in dir subtiler. Dir werden die Verbindungen bewußt, die Kontakte, die zwischen vielen verschiedenen und unterschiedlichen Dingen bestehen. Ideen oder Bilder, die unabhängig voneinander zu existieren schienen, scheinen nun in Übereinstimmung miteinander zu schwingen und neue Gedanken oder Bilder hervorzubringen.

Auf der vierten Ebene angekommen, stehst du an einem Ort, an dem alle Mauern durchsichtig sind wie aus Glas oder Kristall. Der Wind scheint durch sie hindurchzuwehen und trägt den Duft der Außenwelt herein – all die unterschiedlichen und faszinierenden Aromen der

Natur. Mit deiner geschärften Sicht siehst du viel weiter als sonst und blickst hinaus auf eine wunderschöne und vielfältige Landschaft mit Bergen und Tälern, Flüssen und Bächen, Wäldern und grünen Hügeln, wildem, unbebautem Land und dem bunten Flickwerk von Feldern und Gärten. Du siehst auch Häuser, aus deren Schornsteinen sich der Rauch kräuselt. Wenn es dir wie die Landschaft der Anderswelt oder eines irdischen Paradieses vorkommt, dann ist das von der Wahrheit nicht weit entfernt, denn das ist Logres, das innere Reich Britanniens, über das einst der große König Artus herrschte.

Wenn du alles genügend betrachtet und die würzige Luft getrunken hast, beginnst du deinen Aufstieg zur fünften und letzten Ebene. Diesmal trittst du in einen schönen, luftigen Raum voller Bücher und mit vielen seltsamen Gegenständen. In einem Sessel vor einem prasselnden Feuer sitzt eine Gestalt in einer tiefblauen Robe. Sein Haar ist weiß, aber sein Gesicht wirkt ewig jung, und seine Augen blicken tief in dich hinein. Das ist Merlin, der alterslose Sohn der Großen Mutter, dessen Turm du betreten und erstiegen hast. Er lächelt dir zur Begrüßung zu, und du kannst, wenn du möchtest, zu ihm treten und mit ihm über alles reden, was dich bewegt oder verwirrt. Nichts könnte zu seltsam oder zu schockierend für Merlin sein, denn er hat die Sterne selbst gelesen, und alles ist ihm bekannt. Wenn du keine Frage hast oder nichts bereden möchtest, kannst du dich eine Weile stumm bei ihm niederlassen, bis du wieder zum Gehen bereit bist.

Wenn es soweit ist, wird sich Merlin erheben und dir einen silbernen Becher mit einer klaren Flüssigkeit reichen. Du kannst ihn annehmen oder nicht – aber wenn du ihn nimmst, wisse, daß du die Wahrheit selbst trinkst, ein Destillat von Merlins Weisheit, das so lange bei dir bleiben wird, wie du es wert bist. Anschließend zieht Merlin einen Vorhang beiseite, der eine kleine Holztür in der Mauer freigibt. Er öffnet sie für dich und winkt dich hindurch ... und du stehst wieder an dem Ausgangspunkt, wo du deinen Weg begonnen hattest.

Nimm dir einen Moment Zeit, um den Kontakt zu deiner physischen Umwelt wieder herzustellen, und öffne die Augen. Du wirst feststellen, daß deine Sinne noch eine Weile geschärft bleiben, und was immer du mit Merlin besprochen oder in seinem Turm erfahren und gelernt hast, wird dein sein, und du kannst bei Bedarf immer wieder darauf zurückgreifen.

3. Die Tafelrunde: Abenteuer im Wald des Geistes

Arthur versäumte es nie, einen Ritter, über den er Lobenswertes gehört hatte, aufzurufen und an seinen Hof zu bitten ... Da nun so zahlreiche edle Herren in seine Halle kamen, die alle miteinander darum wetteiferten, der größte Held zu sein, und von denen keiner der mindeste geheißen werden wollte, ließ Artus eine große runde Tafel herstellen ... Und er ordnete an, daß seine Gesellschaft an dieser Tafel auf Stühlen sitzen sollte, die alle von gleicher Höhe waren, daß sie gleichermaßen bedient wurden und keiner seinen Kameraden vorgezogen würde. So konnte niemand damit prahlen, den anderen vorgezogen zu werden, denn sie saßen alle gleichrangig um die Tafel, und alle durften das Brot mit Artus brechen.

Wace, Roman de Brut

Ein Tisch, so rund wie die Welt

Als die Kriege, die Artus' Thronbesteigung begleiteten, vorüber waren, beschloß er, sich zu verheiraten. Er wählte Guinevere, die Tochter des Königs Leodegrance von Cameliarde – trotz Merlins Warnung, daß sie ihn eines Tages betrügen würde. Als Brautgabe brachte sie einen riesigen runden Tisch mit, den Merlin auf Anweisung von Artus'. Vater Uther Pendragon angefertigt hatte. Es war ein Tisch, »so rund wie die Welt«, an dem hundertfünfzig Ritter Platz fanden, ohne daß einer höher gestellt schien als die anderen. Am Tag seiner Hochzeit forderte Artus von Merlin, genügend Ritter zu finden, »von großem Kampfgeist und edler Gesinnung«, um mindestens fünfzig dieser Plätze zu füllen.[46]

Merlin erfüllte diesen Wunsch, und weitere fünfzig Ritter wurden von Leodegrance geschickt, so daß an diesem ersten Tag hundert Ritter an der Tafel saßen. Nachdem sie Artus ihre Ehrerbietung erwiesen hatten, kehrten sie in die Halle zurück, wo die Tafel stand, und sahen, daß ihre Namen in goldenen Buchstaben auf die Rückseiten der Stuhllehnen eingraviert waren. Es waren die Namen sämtlicher bisher Erwählten und die vieler anderer, die noch zu ihnen stoßen würden. Zwei Plätze jedoch blieben leer, und darüber wußte Merlin nur zu sagen, daß sie besetzt würden, wenn die Zeit reif sei.

So traf sich die Gesellschaft der Ritter von der Tafelrunde zum ersten Mal am Tag der Hochzeit des Königs mit Guinevere, und wenn dabei auch die Saat für den Niedergang von Artus' großem Traum bereits gesät war, so lagen die Schatten an jenem Tag noch in weiter Ferne. Denn so nahm das höchste Ideal des Rittertums seinen Anfang, und sein Ruhm sollte durch alle Zeitalter widerhallen und die Könige zahlreicher Länder inspirieren, es Artus gleichzutun und selbst einen Orden zu gründen, der sich an dem der Tafelrunde ausrichtete.

Bald schon folgte das erste Abenteuer, denn als sie beim Mahl saßen, schoß ein weißer Hirsch in die Halle, der von einem weißen Hund und fünfzig Paar schwarzer Hunde verfolgt wurde. Während sie um den Tisch rannten, biß der weiße Hund den Hirsch, der hoch in die Luft sprang und dabei einen Ritter umwarf, der dort gesessen hatte. Dieser Mann schnappte sich den Hund und eilte von dannen. Im nächsten Augenblick ritt eine Dame in die Halle und verlangte den Hund zurück, denn er gehörte ihr. Aber noch ehe jemand ihr eine Antwort geben

König Artus' runder Tisch, große Halle von Winchester Castle

konnte, trat ein Ritter in voller Rüstung herein, ergriff die Dame und entführte sie mit Gewalt.

Erstaunen und vielleicht auch ein wenig Belustigung begleiteten diese Ereignisse, aber da trat Merlin vor und verkündete, daß »diese Abenteuer nicht so leichtfertig betrachtet werden dürften«, daher schickte Artus zwei seiner neuen Ritter, seinen Neffen Sir Gawain und den illegitimen Sohn von König Pellinore, Sir Tor, hinter dem weißen Hirschen beziehungsweise hinter dem weißen Hund her. Pellinore selbst, ein bewährter und zuverlässiger Krieger, ritt hinter der Dame her, die entführt worden war.

Gleich zu Anfang bedeutete also dieses einzelne Ereignis den Beginn von drei verschiedenen Abenteuern, die darauf in aller Ausführlichkeit beschrieben werden. Sie stellen die ersten von vielen solcher Abenteuer dar, die alle ähnlich beginnen, indem etwa ein Ritter oder eine Dame bei Hof erscheinen und um Hilfe oder um eine Gunst von Artus und seinen Rittern bitten. Solange diese Bitten gerechtfertigt und ehrenwert erscheinen, dürfen diese den Beistand nicht verweigern. Denn am Ende dieser ersten, dreifachen Suche schwören alle Mitglieder der Tafelrunde den folgenden Eid:

> Niemals Schmach oder Mord auf sich zu laden und jeglichen Verrat zu fliehen, jede Grausamkeit zu vermeiden und Gnade dem zu gewähren, der darum bittet, bei Strafe des Verlustes ihrer Würde und ihres Ranges, die sie von König Artus empfangen hatten; überdies allen Damen, Edelfräulein und Edelfrauen stets zu Hilfe zu sein, bei Strafe des Todes. Und keiner sollte für eine ungerechte Sache sein Schwert erheben oder um irgendwelcher weltlichen Schätze willen. Darauf wurden alle Ritter der Tafelrunde, alt und jung, vereidigt. Und jedes Jahr leisteten sie den Eid erneut am hohen Pfingstfest.[46]
>
> *Malory, Buch III, Kap. 15*

Die Regeln sind einfach und schlicht formuliert. Sie waren eng mit den allgemein gültigen, aber nur selten ausformulierten Idealen des mittelalterlichen Rittertums verknüpft. Da die Ritter auch nur Menschen waren, erfüllten sie zuweilen nicht die Anforderungen, die ihr König ihnen damit auferlegte. Aber trotz einiger Mängel hielten sie sich an die Gebote der Tafelrunde, und wie als Antwort auf ihre Existenz geschahen bald überall die seltsamsten Ereignisse, so daß es ihnen nie an einer Gelegenheit mangelte, sich zu erproben und zu beweisen.

Artus ließ es zum Brauch werden, daß er bei allen Festbanketten erst aß, nachdem ihm irgendein wundersames oder abenteuerliches Ereignis berichtet worden war. So beginnt ein Muster, nach dem die Ritter »Aufträge« annehmen und kreuz und quer durch das Land reiten, um Missetaten zu bereinigen oder Schurken zu bekämpfen. Andere Ritter und edle Frauen werden gerettet; üble Ritter werden bekämpft und entweder getötet oder zu Artus geschickt, um seine Vergebung zu erflehen. Viele von ihnen werden dadurch ebenfalls zu Rittern der Tafelrunde und geben ihr früheres Leben auf. Aber es gibt immer wieder neue Abenteuer zu bestehen, wenn die großen Ritter auf ihren riesigen Pferden durch die Wälder von Artus' Reich ziehen und den Traum ihres Königs vom Rittertum und dem vollkommenen Königreich auf Erden zu erfüllen versuchen.

Der Wald und das Land der Abenteuer

Viele Abenteuer der Ritter der Tafelrunde scheinen in einem tiefen, wilden Wald stattzufinden. Das spiegelt teilweise die Landschaft der Zeit wider, als die meisten dieser Romanzen aufgezeichnet wurden, aber es hat auch noch eine tiefere Bedeutung. Der Wald symbolisiert eine ungezähmte Welt, wo auf den Unvorsichtigen alles mögliche warten kann. Er steht aber auch für einen gewissen Geisteszustand, einen Ort, den man auf dem langen Weg von der Geburt bis zum Tod erreicht: Dantes undurchdringlicher Wald des Verstandes, in dem die Seele »mitten auf der Lebensreise« erwacht und sich vor tausend möglichen Wegen durch die Dunkelheit der Welt unter den Bäumen wiederfindet.[11]

Der Wald war aber auch ein Teil der Anderswelt, ein riesiges, unerforschtes Gebiet entlang der Grenzen zwischen der Welt der Alltagsrealität und dem Feenreich. Bestimmte Teile dieses Waldes hatten Namen, wie Broceliande, Arden und Inglewood: dunkle Orte voller Magie, die nur jene willig betraten, die auf Abenteuer aus waren. Dorthin ritt auch Artus selbst auf der Suche nach harmlosem Zeitvertreib, um dann auf den erschreckend mächtigen Gromer Somer Jour zu stoßen, dessen Name »Mann des Sommertages« bedeutet. Dieser bannte ihn und verlangte von ihm, die Antwort auf eine unmögliche Frage herauszufinden – sonst würde er die Folgen zu tragen haben.[22]

Bei einer anderen Gelegenheit wurden die Königin und ihr Begleiter – zufällig war es Sir Gawain – auf der Jagd vom Rest der Gruppe getrennt und suchten nahe dem schrecklichen Tarn Watheling Zuflucht, wo schon mehr als ein Abenteuer begonnen hatte. Dort begegneten sie der furchterregenden Erscheinung des Geists von Guineveres Mutter, die unentwegt jammerte und sie vor schrecklichen Dingen warnte, die geschehen würden.

Auch wenn der Wald zahlreiche Schrecken barg, so enthielt er doch ebenso viele Wunder. Aus seinen Tiefen erschienen wunderschöne Feen, um die wandernden Ritter zu prüfen und sie zu verführen, während sie sich ihren Weg zwischen den Bäumen hindurch bahnten. Viele suchten sich einen Mann unter der Ritterschaft, der ihnen Söhne schenken würde. So mischte sich anderweltliches Blut unter die Tafelrunde.

Einer dieser Ritter war Sir Launfal, der in die Anderswelt ging, dort eine schöne Fee traf, sie heiratete und schwören mußte, alles geheim zu halten; ansonsten würde er seine Geliebte auf immer verlieren. Doch als Königin Guinevere selbst Worte der Liebe zu ihm sprach, konnte er nicht stumm bleiben und erklärte in seiner Verzweiflung, daß selbst ihre berühmte Schönheit der seiner eigenen Geliebten nicht gleichkäme.

Launfal zog damit den Zorn der Königin auf sich, doch er wollte lieber Tod und Verbannung auf sich nehmen, als mehr zu offenbaren. Schließlich wurde er durch die Erscheinung der Fee selbst gerettet, die zum Hof kam, alle anderen Frauen dort in den Schatten stellte und Launfal dann entführte – »nach Avalon, wie es heißt«.[47]

Nicht alle Frauen, denen man im Wald begegnete, waren so schön und liebreizend. Ragnall, eine der vielen Archetypen der *Sovereignty*, der Herrscherin-Göttin des Landes, erschien als häßliche alte Frau (*Loathly Lady*), die Artus mit einem Trick dazu bringt, ihr im Gegenzug für einen Gefallen Sir Gawain zum Ehemann zu versprechen. Ihr nachfolgendes Erscheinen bei Hofe, ihre ungehobelten Manieren und ihr gräßliches Aussehen bereiten einen vielleicht bereits auf die Verwandlung vor, die in der Hochzeitsnacht geschieht, als Ragnall, die »verzaubert« worden war, durch Gawains Liebe und Verständnis ihre ursprüngliche Schönheit zurückgewinnt.

Irgendwo in den Tiefen des Waldes wütet eine Bestie (*Questing Beast*), ein Wesen, das teils Löwe, teils Schlange und teils Ziege ist. Es brüllt, als seien in seinem Bauch dreißig Hundepaare versteckt. Artus erblickt es zuerst als Jugendlicher, noch ehe er zum König gekrönt wird, und dies geht seiner Begegnung mit Merlin voraus, der zuerst als Kind und dann als alter Mann erscheint, Artus von seiner Geburt und Herkunft erzählt und viele rätselhafte Hinweise auf künftige Ereignisse gibt. Über die Bestie gibt er keine Erklärung ab, aber wir erfahren, daß sie von einer Frau geboren wurde, die einen Mann dazu verurteilt hatte, von Hunden zerfleischt zu werden. Sie existiert einzig und allein, um gesucht zu werden, und wird jahrelang von König Pellinore verfolgt. Nach seinem

Tod nimmt der Sarazenenritter Palomides die Suche auf, die aber niemals erfolgreich verläuft, denn es handelt sich bei der Bestie um ein *Ferlie*, ein Wunder der Anderswelt, das von keinem Sterblichen gefangengenommen oder bezwungen werden kann.

Männer und Frauen mit der Fähigkeit, sich in Tiere zu verwandeln, waren in Artus' Welt nichts Seltenes. In einer Geschichte folgt Artus einem seltsamen, zusammengesetzten Tier, das sich in einen ehrwürdigen, weißhaarigen Mann verwandelt[9]; in einer anderen haben wir eine der frühesten Geschichten über einen Werwolf, *Bisclavret*[47], in der ein Ritter, der mit diesem Leiden geschlagen ist, zuerst von seiner Frau und deren Geliebten verraten und anschließend verhöhnt wird und erst nach vielen Jahren in Wolfsgestalt wieder in seine wahre Gestalt zurückfindet.

In der walisischen Geschichte *The Lady of the Fountain* (»Die Dame des Brunnens«)[45] begegnen wir dem »Herrn der Tiere«, der einen Fuß, ein Auge und einen Arm hat und dem alle Tiere des Waldes untertan sind, die sich um ihn versammeln wie eine Gemeinde, die einer Predigt zuhört. Als der Ritter Kynon ihn fragt, welche Gewalt er über die Tiere habe, antwortet er:

> »Das will ich dir zeigen, kleiner Mann«, sagte er. Damit nahm er seine Keule in die Hand und versetzte einem Hirschen einen heftigen Schlag, so daß dieser laut aufschrie. Bei diesem Schrei versammelten sich die Tiere so zahlreich wie die Sterne am Himmel ... und er sah sie an und forderte sie auf, zu gehen und zu äsen, und sie senkten die Köpfe und brachten ihm ihre Huldigung dar wie die Vasallen ihrem Herrn.[45]

Andere Ritter gehen eine Verbindung mit einem ganz bestimmten Tier ein: Owain mit einem Löwen[8], Gawain mit einem wundersamen Maultier[86] oder einem Pferd, das ihn in seltsame Länder führt[58]. In gewisser Weise entsprechen sie den Totemtieren der Schamanen, die der Seele bei ihren Wanderungen durch die Anderswelt als Führer dienen.

Der Krieg mit der Anderswelt

Aus den Tiefen des Waldes tauchen so viele seltsame und wundersame Wesen auf, daß man sich nach einer Weile fast fragt, ob zwischen Artus und den Bewohnern der Anderswelt nicht irgendein Kampf im Gange ist. Ein frühes walisisches Gedicht, *Preiddeu Annwn* (»Beute« oder »Schatz der Unterwelt«), schildert ihn als den Anführer einer außergewöhnlichen Gruppe von Helden, die ins Reich der Götter ziehen auf der Suche nach einem Zauberkessel, »gewärmt vom Atem der neun Jungfrauen«. Sie ziehen durch sieben Ebenen, jede von einer Festung bewacht – Caer Siddi, Caer Rigor, Caer Vandwy, Caer Pedryfan, Caer Goludd und Caer Ochren. Artus und seine Männer rauben den Kessel und kehren mit ihm an die Oberwelt zurück. »Bis auf sieben kehrte keiner zurück«, bemerkt der Dichter lakonisch und deutet damit an, daß der Schatz durchaus seinen Preis gekostet hat.[44]

Aber die Feenreiche und Artus' Reich überlappen sich an zahlreichen Stellen. Selbst bei der Gralssuche, wohl der größten Herausforderung für die Ritter der Tafelrunde, ziehen sich Symbole und Zeichen der Anderswelt wie ein Silberfaden durch den scharlachroten Bilderbogen christlicher Wunder und Träume.

Im *Lais* von Marie de France[47], das im zwölften Jahrhundert von dieser bemerkenswerten Frau verfaßt wurde, von der praktisch nichts weiter bekannt ist, spielt die Anderswelt ebenfalls eine wichtige Rolle. Marie bediente sich zur Anregung der Geschichten, die in Frankreich und der Bretagne mündlich im Umlauf waren – Geschichten voller Volksweisheit und Feenzauber. Ihre Verse sind keltische Zauberei in höfischem Gewand, verfaßt für das elegante, literarisch gebildete Publikum am Hof einer anderen Marie, der von Champagne, Tochter der berühmten Eleonore von Aquitanien, die selbst wohl auch als Edeldame an Artus' Hof durchgegangen wäre.

Aus dem Land der Abenteuer, durch die schwarzen Kiefern zum Brunnen von Barenton, tief verborgen im Tal ohne Wiederkehr, ritten die Ritter der Tafelrunde überall und unaufhaltsam kreuz und quer durch das Land. Wo immer die wundersame Menagerie ihrer Wappenzeichen auftauchte – Adler, Stiere, Raben und Löwen –, wurden sie erkannt, und man suchte sie um Hilfe oder Beistand an. Wie die legendären Revolverhelden des Wilden Westens wurden sie auch von jenen aufgesucht, die sich gegen die besten Ritter des Landes zu beweisen suchten – um vielleicht selbst einen Platz an der berühmten Tafel zu erringen.

Viele der bekannten Gestalten in diesem Zyklus stammen aus zwei großen Familien. Der Orkney-Clan – Gawain, Gaheris, Agravaine und Gareth – bestand aus den Söhnen von König Lot von Orkney und seiner Königin Morgause, einer Halbschwester von Artus und Mutter des Bastards Mordred. Die Familie de Galle – Parzival, Lamorack und Aglovale – waren die Söhne von König Pellinore (die Mutter wird nicht genannt), der außerdem zahlreiche illegitime Nachkömmlinge hatte, unter anderem den großen Sir Tor oder Torre, und eine legitime Tochter, die manchmal Dindraine genannt wird und eine wichtige Rolle bei der Gralssuche spielt.

Zwischen diesen beiden Familien herrschte starke Rivalität, ausgelöst durch die Ermordung Lots durch Pellinore, worauf die Orkneyfamilie, angeführt von Gawain, mehrere mörderische Racheangriffe ausführte. Diese führten schließlich zum Tod von Morgause und Lamorack, die zum Liebespaar geworden waren, bis Gaheris seine eigene Mutter tötete und seine Brüder gemeinsam Lamorack umbrachten.

Trotz solcher gegenseitiger Vernichtungskriege nennt Malory die Tafelrunde den »Hohen Orden des Rittertums« und stellt sie damit über den Durchschnitt der Zeit, als eine Art Verkörperung des Ideals, wie es in den damaligen theoretischen Abhandlungen über dieses Thema zum Ausdruck kommt, etwa bei dem spanischen Mystiker Ramon Lull[30], der den Ritterstand mit dem Priestertum vergleicht und den Kaiser (d. h. den König – in einigen Texten wird Artus allerdings tatsächlich zum Kaiser von Rom) in einer dem Papst ähnlichen Rolle als Oberherr aller Ritter sieht.

Die Tafel selbst wird schließlich zu viel mehr als einem Treffpunkt für die Ritter. Robert de Boron geht auch hier, wie bei der Geschichte von Merlin, weiter zurück und fügt eine weitere Dimension hinzu.[42] Der runde Tisch von Artus, erklärt er, sei nach dem Vorbild von zwei früheren Tischen geschaffen worden. Der erste, an dem Christus und die Apostel das Letzte Abendmahl feierten, war von den Gralskönigen kopiert worden, als angemessener Aufbewahrungsort für den heiligen Kelch, den sie bewachten und beschützten. Schließlich baute Merlin den dritten Tisch, an dem sich die Tafelrunde traf, bis der Gral selbst erschien und sie auf die große Suche schickte, auf die sie schon lange vorbereitet worden waren.

Hinter dieser Vorstellung liegt eine andere, subtilere Reihe von symbolischen Verweisen. In den Sternenreichen trifft sich vielen alten Traditionen zufolge ein Rat mächtiger Wesen, die sich mit der Ausführung des göttlichen Schöpfungsplans befassen. Auch sie sitzen an einem runden Tisch, und als Merlin die Steine des »Tanz der Riesen« aus Irland an die Stelle brachte, die wir heute als Stonehenge kennen, baute er diesen Steinkreis nach dem Vorbild des Sternentisches auf.

Es spielt in diesem Zusammenhang keine Rolle, daß Merlin Stonehenge nicht wirklich erbaut hat, denn wir sprechen hier in der symbolischen Sprache der Mythen, die sich Schicht um Schicht im Bewußtsein der Menschheit bilden. So errichtete Merlin seinen kreisförmigen Tempel auf dem Tisch der Erde, eine dritte Dimension, die die Parallelen mit der Bildersprache von Robert de Boron vervollständigt. Das Ganze kann etwa folgendermaßen zusammengefaßt werden:

Traditionell	*Robert de Boron*
Runder Sternentisch	Tisch des Letzten Abendmahls
Artus' runder Tisch	Tisch des Grals
Runder Tisch des Landes	Artus' Tisch

So entsteht einerseits eine hierarchische Beziehung zwischen dem Sternenreich, dem irdischen Königreich Artus' und der Heiligkeit des Landes, andererseits aber auch eine direkte Beziehung zwischen der mystischen Öffnung der christlichen Botschaft, deren Ausdruck in den Gralsmysterien (siehe Kapitel 6) und der Ritterschaft der Tafelrunde, die dazu ausersehen war, sich auf die Suche nach dem heiligen Gefäß zu begeben.

Innerhalb der Artus-Tradition gibt es also innere Realitäten, die durch äußeren Symbolismus ausgedrückt werden. Nach dem Untergang der Tafelrunde auf dem Schachtfeld von Camlan gab es nichts, das sie hätte ersetzen können. Das Land kehrte in den Zustand der Anarchie zurück, der vor der Ankunft von Artus geherrscht hatte, das Land der Abenteuer verschwand aus der Vorstellung jener, die es einst gesucht hatten, und der Wald der Anderswelt wurde gefällt. Doch der Traum blieb bestehen – bis auf den heutigen Tag. Es gibt immer noch jene, die an der runden Tafel sitzen und den Geschichten der heimkehrenden Ritter lauschen wollen oder vielleicht selbst ein Abenteuer in den andersweltlichen Wunderreichen wagen möchten.

Übung 3: Die Tafelrunde

Die Tafelrunde war immer ein Treffpunkt für alle, die gleicher Gesinnung waren und die die Einsichten vermitteln wollten, die sie bei ihren Abenteuern gewonnen hatten. So sollte sie es auch für all diejenigen sein, die dem Weg der Artus-Tradition folgen. Die nächste Übung soll deshalb dazu dienen, einen inneren Ort zu schaffen, an den man innere wie äußere Freunde einladen kann, um einander die eigenen Erfahrungen und Einsichten mitzuteilen.

Beginne, indem du dir den Rahmen für das Land der Abenteuer erschaffst. Sieh dich selbst an einem hochgelegenen Ort, wie zuvor, wo du weit hinaus in ein Land von großer Vielfalt und Üppigkeit blickst, wie du es gerne durchwandern und erforschen würdest. Hier warten Abenteuer auf dich, und es finden Begegnungen statt, die dein ganzes Leben verändern können. Denn dies ist das innere Reich von Logres, das alte, magische Reich von König Artus, wo alles möglich ist und wo die Mauern, die die äußere Welt von der inneren trennen, dünn und durchsichtig sind wie Glas.

Während du auf dieses wunderbare Land hinabschaust, siehst du die Sonne auf dem Dach eines Hauses aufblitzen. Versetze dich nun mit deinem imaginären Körper vor den Eingang zu diesem Gebäude, das deiner inneren Vision wie eine große runde Halle erscheint, deren Wände aus Kristall bestehen, so daß sie im Licht blitzt wie ein großes Juwel.

Vor der Tür steht eine Gestalt in einer so strahlenden Rüstung, daß sie wie die Sonne funkelt. Es ist Sir Kay, der Seneschall von König Artus, den du um die Erlaubnis bitten mußt, eintreten zu dürfen. Laß dich nicht von seiner unwirschen Art abschrecken, denn er war und ist ein großer Ritter der Tafelrunde und der geliebte Ziehbruder des Königs selbst. Wenn dein Grund dafür, das Gebäude betreten zu wollen, gerechtfertigt ist – und du allein weißt, ob das zutrifft oder nicht –, dann wirst du die Erlaubnis dazu bekommen.

Dann stehst du innerhalb der Kristallmauern, und vor dir, in der Mitte, steht der runde Tisch selbst, aus massiven Balken gefertigt, in die viele seltsame Symbole und Muster geschnitzt sind. Um ihn herum stehen mehrere Reihen hochlehniger Stühle, und auf den Lehnen sind jeweils die Namen der Ritter eingraviert, die dort ihren Platz haben. Auf einem Stuhl steht auch dein Name, und Sir Kay wird dir deinen Platz am Tisch zuweisen.

An diesem Punkt deiner Reise mußt du dir eine wichtige Frage stellen: Was ist deine Rolle in den Mysterien dieses Tischs? Die Antwort, die du gibst, wird dein nächstes Erlebnis bestimmen, sei daher so ehrlich wie möglich. Noch darfst du dich nicht im inneren Kreis bei den großen Rittern niederlassen. Diese Ehre muß erst verdient werden, so wie es immer schon war, und du wirst zahlreiche Gelegenheiten bekommen, Abenteuer und Prüfungen zu erleben, die dich im Laufe der Zeit für einen solchen Platz reif machen werden.

In der Zwischenzeit solltest du aber zusehen, zuhören und lernen. Denn sobald du deinen Platz einnimmst, siehst du, daß viele Plätze bereits mit jenen besetzt sind, die vor dir angekommen sind. Viele haben von Abenteuern zu berichten, Einsichten mitzuteilen und Geschichten zu erzählen. Du kannst bleiben, solange du magst, denn Zeit hat hier keine Bedeutung. Wenn du Glück hast, betritt vielleicht der König selbst den Saal, oder Guinevere kommt, um den neuesten Abenteuern ihrer Ritter zu lauschen. Mit der Zeit wirst auch du einmal an deinem Platz stehen und die Augen der versammelten Gesellschaft auf dir spüren. Bis dahin höre zu, beobachte alles, lerne und behalte alles im Gedächtnis.

Wenn du bereit bist zu gehen, erhebe dich leise von deinem Sitz und verlasse die Kristallhalle, wie du gekommen bist. Verabschiede dich von Sir Kay. Wenn du die Halle erneut aufsuchst, wird er sich an dich erinnern und dich begrüßen.

Nun lasse die Bilder von dem Ort und der Landschaft langsam vor deinem inneren Auge verblassen, kehre in die Gegenwart zurück und nimm wieder Kontakt auf mit der Umgebung, in der du deine Reise begonnen hast.

Du kannst die Halle mit der runden Tafel so oft besuchen, wie du willst, und jedesmal wirst du mehr dort lernen. Mit der Zeit möchtest du dich vielleicht weiter vorwagen und auf eigene Abenteuer ziehen, bei denen dein innerer Führer dich leiten und dir raten wird (siehe Übung 4).

4. Göttinnen und Führerinnen: Morgan le Fay und die Frauen der Anderswelt

Dann eilte Geraint furchtlos und ohne zu zögern in den Nebel. Als er die Schwaden hinter sich gelassen hatte, kam er in einen großen Obsthain, und dort sah er eine freie Fläche, wo ein Zelt aus roter Seide stand, und der Zelteingang stand offen. Und vor diesem Eingang stand ein Apfelbaum. An einem Ast dieses Apfelbaums hing ein großes Jagdhorn ... In dem Zelt aber befand sich niemand außer einer Jungfrau, die auf einem goldenen Sessel saß; ein weiterer Sessel stand ihr leer gegenüber. Und Geraint trat ein ... und setzte sich darauf.

Geraint, Sohn des Erbin, aus dem Mabinogion

Göttinnen als Führerinnen

In einem bestimmten Sinne sind oder waren alle Frauen, die im Artus-Zyklus auftauchen, Göttinnen. Das ist nicht sofort erkennbar aufgrund der allmählichen Christianisierung der Texte und der Veränderungen durch Generationen von Geschichtenerzählern, die viele der mehr »heidnischen« Aspekte der Geschichten, die sie weitergaben, abänderten, kürzten und manchmal gänzlich unterdrückten.

So wird Morgan le Fay, deren Ursprünge man bis auf die irischen Göttinnen Macha und Morrighan zurückführen kann, in der mittelalterlichen Artuswelt zur bloßen Zauberin – zumindest oberflächlich gesehen. Malory sagt über sie aus, daß sie die Tochter von Igraine und Gorlois von Cornwall gewesen sei und daß sie nach dem Tod ihres Vaters und den Ereignissen rund um die von Merlin arrangierte Geburt des Artus' in ein Nonnenkloster geschickt wurde, »wo sie zu einer großen Gelehrten in der Kunst der Zauberei und Geisterbeschwörung ausgebildet wurde«.[46]

Man kann in dieser Bemerkung leicht einen Hinweis auf frühere Zeiten erkennen, als weibliche Kinder, die die Gabe des Zweiten Gesichts zu haben schienen, zur Erziehung in die Schulen der Priesterinnen geschickt wurden, die einst in Britannien und Irland in hoher Blüte standen. Morgan, die mit dem Beinamen »le Fay«, die Fee, bekannt wurde, behielt aber auch in den mittelalterlichen Versionen stets einige ihrer göttlichen Eigenschaften bei.

Bei Malory wird sie zwar einerseits als Zauberin mit ständig wechselnder Gestalt geschildert, aber sie erscheint auch als eine der drei geheimnisvollen Königinnen, die nach der Schlacht bei Camlan auftauchen, um den verwundeten Artus nach Avalon zu bringen, wo er von seinen Wunden geheilt werden soll, um dann auf die Zeit zu warten, wenn sein Land ihn wieder braucht.

Geoffrey von Monmouth, der sich hier wieder auf eine uralte Tradition bezieht, erwähnt in seinem Werk *Vita Merlini* neun Schwestern, die auf einer Insel im Meer leben, die die »Insel der Seligen« oder »Insel der Äpfel« genannt wird. Er sagt darüber:

> Die erste und oberste unter ihnen kennt sich gut in den Heilkünsten aus und übertrifft ihre Schwestern an Schönheit. Morgan lautet ihr Name, und sie hat gelernt, welche nützlichen Eigenschaften die Kräuter besitzen, so daß sie Kranke heilen kann. Sie

kennt sich aber auch in der Kunst aus, wie man die Gestalt wechseln und sich wie Daedalus auf Flügeln in die Lüfte erheben kann.[20]

An einer anderen Stelle bei Malory nutzt Morgan diese Fähigkeit, die Gestalt zu wechseln, indem sie sich selbst und ihre Anhängerinnen in Felsen verwandelt, als Artus und seine Ritter sie verfolgen.

Geoffreys Beschreibung der wundersamen Insel mit ihren neun Schwestern entspricht in allen Einzelheiten verschiedenen anderen Berichten über die keltische Anderswelt. Es wird deutlich, daß Morgan der schützende Geist und die Göttin dieses Ortes ist und daß ihre Feindseligkeit gegenüber Artus (der als ihr Halbbruder selbst Feenblut besitzt) nur ein Aspekt der herausfordernden und prüfenden Rolle ist, die solche Gestalten stets haben, um herauszufinden, wer unter ihren vielen Dienern wirklich ihrer Gunst würdig ist.

Morgan erscheint in dieser Gestalt auch in dem wunderbaren mittelenglischen Gedicht »Sir Gawain und der

Keltische Göttin. Von George Bain

Grüne Ritter«[17], wobei sie das organisierende Prinzip hinter dem Auftauchen des monströsen grünen Riesen in Camelot ist. Diese Geschichte ist typisch für die Rolle, die solche Göttinnen in der Artus-Literatur spielen. Sie soll hier kurz nacherzählt werden, weil sie viele Aspekte beleuchtet:

> Der Hof hat sich zum Christfest versammelt, aber ehe es begonnen hat, ertönt ein Donnerschlag, und durch die Tür reitet eine riesige Gestalt, die eine mächtige Axt schwingt. Das Ungeheuer ist grün vom Kopf bis zum Fuß: grüne Haut, grüne Kleider, grünes Pferd. Es verspottet die Versammlung mit dem Angebot, ›ein Weihnachtsspiel‹ zu spielen mit jedem, der sich vorwagt. Die Regeln sind wie folgt: Er wird einen Hieb mit der Axt von jedem beliebigen Anwesenden entgegennehmen, aber anschließend einen zurückgeben. Zuerst findet sich niemand bereit, aber als Artus selbst sich von seinem Thronsessel erhebt, tritt sein junger Neffe Gawain vor, um die Herausforderung anzunehmen. Er holt zu einem einzigen Hieb aus und schlägt dem Grünen Ritter das Haupt ab. Aber zum Entsetzen aller hebt der Riese den Kopf auf, reckt ihn hoch in die Luft, und die Lippen bewegen sich. Er wird Gawain in einem Jahr an der Grünen Kapelle erwarten. Dann setzt er sich den Kopf auf die Schultern und zieht von dannen, wie er gekommen war.
>
> Ein Jahr vergeht, und Gawain macht sich auf, sein Versprechen einzulösen. Er hat keine Ahnung, wo die Grüne Kapelle sich befindet. Seine Wanderungen führen ihn in die Wildnis von Wirrall, wo er sich gefährlichen Trollen und dem rauhen Winterwetter stellen muß. Halbtot vor Kälte und Erschöpfung kommt er schließlich zur Burg von Sir Bercilak, einer riesigen, überlebensgroßen Gestalt, die ihm Gastfreundschaft anbietet und ihn seiner schönen Frau vorstellt, die von einer häßlichen Alten begleitet wird. Bercilak erklärt, er wisse, wo die Grüne Ka-

pelle läge, nur wenige Stunden zu Pferd entfernt, und verkündet seine Absicht, auf die Jagd zu gehen. Als Gawain es ablehnt, ihn zu begleiten, um sich lieber auszuruhen, schlägt Bercilak einen Tausch vor: Er wird Gawain alles geben, was er bei seiner Jagd während des Tages erlegt, und Gawain wird ihm dafür alles geben, was er in diesem Zeitraum gewinnt.

Als Bercilak fort ist, tritt seine Frau in Gawains Zimmer und versucht alles, um ihn zu verführen. Gawain lehnt höflich ab, ist aber gezwungen, einen einzigen Kuß anzunehmen. Als Bercilak mit seiner Jagdbeute zurückkehrt, hat Gawain ihm nur den Kuß im Austausch anzubieten. Das gleiche geschieht an den beiden folgenden Tagen. Die Burgherrin nähert sich beide Male dem Ritter in amouröser Absicht, und Gawain akzeptiert erst zwei, dann drei Küsse, die er pflichtschuldig mit seinem Gastgeber tauscht. Am dritten Tag gesteht er ihr seinen Auftrag und daß er nur geringe Chancen habe, zu überleben. Da bietet ihm Lady Bercilak ein grünes Bandelier an, das seinen Träger vor allem Schaden schützen würde. Gawain nimmt es nach einigem Zögern an, erklärt es aber nicht als seinen »Gewinn« für diesen Tag.

Am nächsten Morgen macht er sich auf den Weg zur Grünen Kapelle und stößt bei seiner Ankunft dort auf den Grünen Ritter, der gerade seine Axt schärft. Gawain kniet sich in den Schnee, und sein Gegner tut zweimal so, als würde er zuschlagen. Da wird Gawain wütend und verlangt, daß er nun ein für allemal zuschlagen solle. Der dritte Hieb streift Gawain nur am Hals, und darauf springt er auf und erklärt die Abmachung für eingelöst. Er fordert nun vom Grünen Ritter, sich zu verteidigen. Der Riese lacht bloß und sagt, das Spiel sei vorbei, und er sei in Wirklichkeit Sir Bercilak, der durch die Künste der Göttin Morgan in diese Gestalt verwandelt worden sei. Morgan sei die alte Vettel, die sich in seiner Burg aufhielt. Ihre Absicht sei es gewesen, Guinevere Angst einzujagen und die Stärke von Artus' Rittern auf die Probe zu stellen. Gawain hat ohne einen Makel an seiner Ehre seine Pflicht erfüllt, außer daß er das grüne Bandelier von Lady Bercilak angenommen hat. Aus diesem Grund erhielt er den leichten Hieb an den Hals von der Axt des Grünen Ritters. Gawain kehrt nach Camelot zurück und erzählt seine Geschichte. Die Ritter beschließen, zu Ehren von Gawains erfolgreichem Abenteuer in Zukunft grüne Bänder zu tragen.

In dieser ungewöhnlichen Geschichte, die auf eine alte irische Quelle zurückgeht, wird Morgans Rolle vom Dichter heruntergespielt. Er versuchte dabei, aus dieser grundsätzlich heidnischen Mittwintergeschichte eine christliche Allegorie zu machen. (Aber auch er nannte Morgan »Göttin«, wie mindestens zwei andere mittelalterliche Schriftsteller.)

Ich habe diese Zusammenhänge an anderer Stelle ausführlicher behandelt[58] und möchte hier nur sagen, daß Morgans Gegenwart die Geschichte grundlegend prägt, denn es geht um nichts anderes als eine Initiation, die speziell darauf ausgerichtet ist, Gawain auf die Probe zu stellen, und durch ihn auch die Ritter der Tafelrunde. Sie bereitet den Helden auf den späteren, noch größeren Ruhm vor, wenn er zum »Ritter der Göttin« wird, zu ihrem Helden und Geliebten im Reich der Menschen.

Diese Einweihungsgeschichte wird in einem anderen Gedicht der gleichen Periode (dreizehntes Jahrhundert) fortgesetzt und vervollständigt: *Die Hochzeit von Sir Gawain und Lady Ragnall*.[22] Darin muß Gawain, wie bereits erwähnt, eine entsetzlich häßliche alte Vettel heiraten, um Artus vor dem Tod durch den schrecklichen Gromer Somer Jour zu bewahren.

Als Gawain in der Hochzeitsnacht plötzlich feststellt, daß aus der häßlichen Alten eine wunderschöne Frau geworden ist, wird er weiter auf die Probe gestellt: Er kann sie bei Nacht schön und bei Tag häßlich haben, oder umgekehrt. Seine Antwort besteht darin, daß sie selbst die Entscheidung treffen soll. Damit wird der Bann gebrochen, denn Gawain hat ihr die Souveränität zugestanden, das Recht, sie selbst zu sein und sich auszudrücken, wie sie möchte – eine äußerst seltene Sache im repressiven Mittelalter.

Hinter dieser seltsamen Geschichte erkennen wir ein uraltes Thema, wobei die Göttin der Herrschaft (*Sovereignty*) selbst dem neuen, jungen König des Landes begegnet, ihn auf die Probe stellt und damit prüft, ob er würdig ist, das Land zu regieren. In der oben beschriebenen Version handelt Gawain als Artus' Stellvertreter und erweist sich gleichzeitig als Held der Göttin, die durch ihn dem Land ihren Segen erteilt.

Ihre Wahl von Gawain, Artus' Neffen, ist nicht unangebracht, denn für die Kelten war die Beziehung zum Sohn der Schwester von gleichem oder sogar höherem Rang als die einfache Vaterschaft. Dies wird auch ersichtlich aus dem Akt, in dem Artus ein Kind mit seiner Halbschwester Morgause zeugt. In den romantischen Erzählungen ist sie Morgans Schwester, aber es ist nicht schwierig, hinter beiden Figuren eine einzige Gestalt zu erkennen – die Göttin des Landes, die den jungen König auf die Probe stellt. In diesem Fall, aus welchem Grund auch immer, wird das Produkt dieser Vereinigung, Mordred, zu Artus' Nemesis – vielleicht weil sich Artus in seinem Stolz weigert, das keltische Gesetz anzuerkennen, nach dem sein Neffe, der Sohn seiner Schwester, das Recht auf die Herrschaft hat. (Aus derselben Überheblichkeit ordnete er auch an, den Kopf des Gottes Bran des Seligen auszugraben, der im Weißen Turm von London begraben lag, um Schutz vor Invasionen zu bieten, weil er allein das Land vor Feinden bewahren wollte.)

Die Blütenbraut und die dunkle Göttin

In *Gawain und der Grüne Ritter* wird ausdrücklich erwähnt, daß Morgan den Grünen Ritter an den Artushof schickte, um Guinevere zu erschrecken. Auf einer Ebene war der Grund dafür eine alte Rivalität, die auf den Beginn von Artus' Herrschaft zurückging, als Guinevere einen von Morgans Liebhabern vom Hof verbannte und damit eine langdauernde Feindschaft auslöste. Andererseits besteht zwischen den beiden noch eine andere Art von Feindschaft – die von zwei Göttinnen mit sehr unterschiedlichen Aspekten.

Morgan ist, wie wir in ihrem Ursprung, der wilden Morrighan, sehen, eine dunkle Göttin, die die starken, erdhaften Qualitäten des Winters und des Krieges verkörpert. Guinevere hingegen, ebenfalls eine frühere Göttin, entspricht dem Typ der »Blütenbraut«. Sie steht für den Frühling, den Aufbruch allen Lebens, für Blühen und Gedeihen. So sind die beiden für alle Zeit polarisiert, und man kann auch in der Geschichte von Guineveres Liebe zu Lanzelot, der zu ihrem Helden wird und schließlich den Untergang der Tafelrunde einleitet, das Muster eines elementaren Kampfes zwischen den Helden des Sommers und des Winters um die Hand der Frühlingsmaid erkennen.

Eine andere Version davon findet sich in der *Mabinogion*-Geschichte von Pwyll, der ein Jahr lang den Platz mit Arawn tauscht, dem Herrn der Anderswelt, und dabei eine von Arawns rituellen Aufgaben ausführt, den alljährlichen Kampf mit Hafgan (Sommerlied) um den Besitz von Creiddylad, der Frühlingsmaid. Wir können die Bedeutung dieses Themas aus der Tatsache erkennen, daß man in Wales noch bis ins neunzehnte Jahrhundert hinein einen Nachklang davon fand: Gruppen, die von einem Herrn des Sommers und einem Herrn des Winters angeführt wurden, fochten jährlich einen gespielten Kampf um die Maid des Frühlings aus.

In den Artusgeschichten wird also Lanzelot, der Guineveres Ritter ist, zum erbitterten Feind von Gawain, der als Ritter der Göttin auch Morgans Held ist. Anfangs sind die beiden Männer befreundet, und das bleibt viele Abenteuer lang so, bis Lanzelot unabsichtlich Gawains Bruder tötet. Von Bedeutung ist, daß es bei der Errettung Guineveres geschieht. Zuvor wurde die Königin bereits von zahlreichen Herausforderern heimgesucht, die sie beleidigen, wegen des Betrugs an Artus anklagen oder sie entführen.

Solche Entführungen sind aus einer Reihe von Gründen bedeutsam. Die Rolle der Blütenbraut besteht nämlich unter anderem darin, von einem ihrer Bewerber entführt und dann von anderen gerettet zu werden – so formen sich endlose Abfolgen von Polaritäten, die den Wechseln der Jahreszeiten entsprechen. Im Fall Guineveres gibt es eine klare Andeutung, daß sie einst diese Rolle in einer Geschichte erfüllte. Sie ist in dem Buch *Leben des Gildas* von Caradoc von Llancarfan enthalten.[7]

In diesem Text, in dem es um die Taten eines Heiligen aus dem sechsten Jahrhundert geht, der möglicherweise sogar den historischen Artus tatsächlich gekannt hat, lesen wir, wie Melwas aus dem Sommerland Guinevere entführte und sie dann von Artus gerettet werden mußte – allerdings nicht ohne Mithilfe des Heiligen. Diese Geschichte taucht in verschiedenen Versionen innerhalb der Artus-Literatur auf. Dabei wird der Entführer zu Meliagraunce, einem Ritter, der Guinevere selbst besitzen will, und Lanzelot ist der Retter, nicht Artus, ein weiteres offensichtliches Beispiel für die verschiedenen Ersatzfiguren, die an bestimmten Stellen im Leben des Königs seinen Platz einnehmen.

Die Identität von Melwas und Meliagraunce ist nicht schwer zu erkennen. Im *Leben des Gildas* wird er »König des Sommerlandes« genannt – ein Name für die Anderswelt. In den späteren Versionen ist Meliagraunce der Sohn von König Bagdemagus von Goirre oder Gor – beides Namen für die Anderswelt. In der Geschichte von Pwyll wird er als Arawn bezeichnet, König des keltischen Hades. Wir haben hier also ein Szenario, in dem Guinevere von dem König der Anderswelt oder seinem Stellvertreter in sein Reich entführt wird und von ihrem Helden gerettet werden muß. Die Blütenbraut wird anschließend im Triumph zum Hof ihres Herrn zurückgebracht, der der König des Landes ist.

Wir brauchen zu dieser Tatsache nur noch hinzuzufügen, daß Gawain in einem früheren Entwicklungsstadium der Artus-Tradition der Ritter der Königin war. In den späteren Texten hat er die Seite gewechselt, von einem Aspekt der Göttin zum anderen, und wird so zum Gegner des Helden der Blütenbraut. Das ist natürlich ein ungeheuer vereinfachtes Szenario. Jeder Aspekt der Göttin hat seine eigenen vielfältigen Aspekte – was wir auch an der ungeheuren Vielzahl der Rollen erkennen können, die die verschiedenen andersweltlichen Frauen in Artus' Welt spielen.

Die Initiatorinnen

Viele dieser Frauengestalten erscheinen an Artus' Hof, wobei sie anfangs gewöhnlich als Bittstellerinnen auftreten, später aber zu Initiatorinnen werden. Dieses Muster ist unschwer zu erkennen. Eine Geschichte ist besonders wichtig und interessant, die von Sir Gareth aus Malorys Werk *Le Morte D'Arthur*.[46]

> Der Held ist Gawains jüngster Bruder, der Sohn von Morgause und Lot von Orkney, aber er entscheidet

sich, inkognito an Artus' Hof zu kommen, und erbittet sich als erste der drei ihm vom König gewährten Gaben, ein Jahr lang dort gespeist zu werden. Kay, der sich seiner annimmt, schickt ihn in die Küche und verspottet ihn. Er nennt ihn »Beaumains«, Schöne Hände, wegen seiner ungewöhnlich großen weißen Hände. Lanzelot und Gawain freunden sich mit ihm in diesem Jahr an, wobei letzterer seinen eigenen Bruder nicht erkennt.

Am Ende des Jahres taucht ein Mädchen namens Linet auf und bittet um einen Ritter, um ihre Schwester gegen Sir Ironside, den Roten Ritter der Roten Lande, zu verteidigen, der ihre Burg belagert. Gareth alias Beaumains erbittet sich nun seine zwei weiteren Geschenke. Er fordert diese Aufgabe als sein Abenteuer und bittet darum, daß Lanzelot ihm folgen solle, um ihn zum Ritter zu schlagen, wenn er glaubt, daß der Jüngere dies verdient habe. Artus stimmt zu, und Gareth und Linet machen sich zusammen auf den Weg. Das Mädchen reitet aber voraus und lehnt es verächtlich ab, irgend etwas mit dem »Küchenbengel« zu tun zu haben, den Artus ihr da mitgegeben hat.

In den folgenden Tagen beweist sich Gareth als ein ausgezeichneter Kämpfer und ringt schließlich auch Lanzelot nieder, der ihnen gefolgt ist. Daraufhin erkennt der große Held Gareth als einen würdigen Gegner an und schlägt ihn sogleich zum Ritter. Trotzdem zieht Linet ihren jungen Begleiter weiterhin auf und läßt keine Gelegenheit aus, ihn mit ihrer scharfen Zunge zu verspotten. Gareth jedoch weigert sich standhaft, sich provozieren zu lassen, und vollbringt noch weitere außergewöhnliche Taten, als er hintereinander einer Reihe von Rittern in Rüstungen verschiedener Farben begegnet – und schließlich den Roten Ritter der Roten Lande selbst besiegt und die unsterbliche Liebe Lionors, der Schwester Linets, erringt.

Doch die Geschichte ist hier noch nicht zu Ende. Lionors bittet ihren Helden, weiterzuziehen und noch mehr Ehren zu erlangen, ehe sie ihn heiratet. Doch als er fort ist, ändert sie ihre Meinung und bittet ihren Bruder, ihn zurückzulocken, indem er zum Schein einen Zwerg entführt, der ihm stets treu gedient hat. Alle versöhnen sich daraufhin, und Gareth hätte seine Liebe noch vor der Hochzeit vollzogen, wenn Linet dies nicht durch ihre Zauberkünste verhindert hätte. Lionors hält ein großes Turnier ab, bei dem Gareth einen magischen Ring trägt, der es ihm ermöglicht, die Farbe seiner Rüstung willkürlich zu wechseln. So kämpft er inkognito gegen mehrere Ritter der Tafelrunde und schlüpft dann unerkannt von dannen. Gawain will die Identität des jungen Ritters herausfinden, der so viele Siege errungen hat, und die beiden Brüder begegnen sich und kämpfen gegeneinander, bis Linet erscheint und die beiden trennt, indem sie sie einander zu erkennen gibt. Dann heilt sie ihre Wunden mit ihrer Magie, und sie kehren an den Hof zurück, wo Gareth als der Sohn von Morgause und Lot anerkannt wird und Lionors in einem rauschenden Fest heiratet.

Diese Geschichte ist eine von mehreren, die von einem »schönen Unbekannten« berichten, gewöhnlich der Sohn eines großen Helden, der inkognito bei Hof erscheint, verschiedene Abenteuer besteht, mit dem eigenen Bruder oder Vater kämpft und schließlich erkannt und von allen geehrt wird. In all diesen Geschichten gibt es auch eine Gestalt ähnlich der Linet, die die Funktion hat, den Helden durch eine Reihe von Abenteuern zu führen, in denen seine Geschicklichkeit und Tapferkeit auf die Probe gestellt werden. Fast ausnahmslos besitzt diese Figur magische Kräfte und ist aktiv an der letztendlichen Anerkennung des Helden beteiligt.

Linet selbst erscheint nochmals als Lunete in einer anderen großen Geschichte des Zyklus, in *Yvain* von Chrétien des Troyes. Hier rettet sie den Helden mehrmals vor dem Tode und gibt ihm einen Ring, der ihn unsichtbar macht. Der folgende Abschnitt aus Chrétiens Werk weist auf ihre wahre Identität hin:

> Ich möchte hier kurz die Freundschaft schildern, die insgeheim zwischen dem Mond und der Sonne entstand. Wißt ihr, von wem ich hier berichten will? Der Mann war ein großer Ritter und hochgeehrt unter ihnen und verdient es, als Sonne genannt zu werden. Ich spreche vom großen Herrn Gawain ... Und mit dem Mond meine ich jene, die so einzigartig viel Verstand und höfische Weisen hat ... ihr Name lautet Lunete.[8]

Wieder erkennen wir hier die Gestalt der Göttin oder der andersweltlichen Frau, die in hundert verschiedenen Formen die Artus-Tradition durchzieht. Ihre Funktion ist es immer, zu führen und anzuleiten sowie Prüfungen und Proben abzuhalten. So wird die Tafelrunde schließlich von einem einfachen Ritterorden zu einer Gruppe initiierter Ritter transformiert. Sie ist es, die hinter vielen Handlungen und Abenteuern in den Geschichten steht – ob als Morgan le Fay, die einen Zaubermantel schickt, der jeden, der ihn anlegt, in Asche verwandelt, oder als Ragnall, die Gawain einer harten Probe der Liebe und Höflichkcit unterzieht.

Solche Gestalten sind ein essentieller Bestandteil der inneren Dimension der Tradition. Sie sind die Initiatorinnen, die die Dinge vorantreiben und permanente Veränderungen bewirken. Sie sind die polarisierte Energie, die das riesige Epos um Artus von seinen dramatischen Anfängen zu seinem schließlichen Höhepunkt treibt. Ohne sie wären die Geschichten nichts weiter als eine Parade bedeutungsloser Bilder – mit ihnen werden sie zu einer majestätischen Prozession von Wundern, die immer weitere Sphären in der Landschaft der Anderswelt eröffnen.

Übung 4: Einen Führer finden

Wenn Sie sich jemals gefragt haben, wie man praktisch mit den inneren Dimensionen der Artus-Tradition arbeiten kann, werden Sie sich vielleicht bereits überlegt haben, wie man Kontakt zu einem inneren Führer herstellen kann, der einen in diesem wundersamen Reich anleitet und unterweist. Es gibt mehrere Möglichkeiten, wie man einen solchen Führer gewinnt; die folgende ist nur ein Beispiel:

Suchen Sie sich eine Figur aus dem Zyklus aus, mit der Sie sich verbunden fühlen. (Am Ende des Buches finden Sie eine kurze Auflistung der wichtigsten Charaktere.) Vielleicht stellen Sie fest, daß Ihnen Gawain, Guinevere oder sogar Artus selbst am meisten zusagen. (Sie brauchen keine Bedenken zu haben, sich mit solchen Schlüsselgestalten zu identifizieren; in den inneren Reichen sind alle Figuren allen zugänglich.) Lassen Sie sich dabei von dem Bereich leiten, den Sie erkunden möchten – Artus oder Guinevere, Sir Kay, der Seneschall, oder Bedivere, Artus' Diener, wären zum Beispiel besonders geeignet für den Hof, aber andere Ritter und Damen können natürlich ebenso jedes Haus und jede Burg betreten. Galahad, Parzival oder Bors führen einen natürlicherweise in die Lande des Grals.

Lassen Sie sich nicht davon abhalten, bei ihrer Wahl Geschlechtsgrenzen zu überschreiten: Als Mann kann man eine Menge über die weibliche Seite lernen, wenn man sich eine Frau als innere Führerin aussucht. Das gleiche gilt umgekehrt für Frauen. Es ist auch nicht so, daß die Ritter nur Männer und die Hofdamen nur Frauen sind. Die Kelten hatten eine althergebrachte Tradition von weiblichen Kriegern, und die Frauen der Artuswelt spielten in den Geschichten stets eine wichtige Rolle.

Denken Sie auch daran, daß, wie wir im vorangegangenen Kapitel sahen, viele der Frauen anfangs aus der Anderswelt kamen und daher natürlich ein tiefes Verständnis für die inneren Reiche besitzen.

Wenn Sie sich eine Figur ausgesucht haben, lesen Sie alles darüber, was Sie über ihn oder sie nur finden können. Wenn das vorliegende Buch nicht viel über die Figur Ihrer Wahl aussagt, werden die Hinweise in der Bibliographie am Schluß des Buches möglicherweise hilfreich für Sie sein.

Wenn Sie dann das Gefühl haben, daß Sie Ihre Figur intellektuell wirklich gut kennen, meditieren Sie über sie oder ihn nach dem folgenden Muster: Gestalten Sie in der imaginären Dimension einen Raum, ein Gebäude oder eine Landschaftsszene. Wenn Sie dies klar und deutlich vor Augen haben, führen Sie den Charakter Ihrer Wahl ein. Setzen Sie sich und unterhalten Sie sich mit ihm oder ihr, und wenn es paßt, reiten Sie mit ihm aus. Erforschen Sie die Landschaft Ihrer inneren Vorstellungswelt, und Sie werden bald feststellen, daß die innere Figur Sie an neue Orte führt, die Sie nicht eingeplant hatten. Das bedeutet, daß der innere Führer gut etabliert ist und Sie mit ihm oder ihr so lange arbeiten können, wie Sie es wünschen.

Denken Sie stets daran, daß die Männer und Frauen der Artus-Tradition Archetypen sind und alle unterschiedliche Macht besitzen. Mit manchen läßt es sich einfacher arbeiten als mit anderen, aber Sie können sich jederzeit für eine andere Figur entscheiden, indem Sie sich einfach formell von dem momentanen inneren Führer verabschieden und dann wieder mit einem anderen von vorn beginnen.

Manchmal stellen Sie vielleicht fest, daß Sie von einem Führer an eine andere Person »weitergereicht werden«. Das ist ganz normal und hat möglicherweise interessante und tiefgreifende Beziehungen zur Folge. Denken Sie immer daran, daß diese Gestalten auf dieselbe Weise Freunde sind wie die Menschen in der Außenwelt und auf gleiche Weise reagieren werden, entsprechend der Art und Weise, wie Sie sie behandeln.

Sollte es jemals vorkommen, daß Sie Ihren ausgewählten Führer verabschieden möchten, dieser aber aus irgendwelchen Gründen den Abschied verweigert, sollten Sie Ihre Meditationen mindestens eine Woche lang aussetzen und dann neu anfangen, indem Sie bewußt das Bild eines neuen Führers aufbauen.

Die aus diesen Erfahrungen gewonnenen Erkenntnisse werden es Ihnen ermöglichen, stärker mit allen Schichten der Artus-Tradition zu interagieren. Es gibt letztendlich keinen Ersatz für ausgiebiges Lesen, aber die inneren Führer können Ihnen einen immer stärker sich vertiefenden Zugang eröffnen.

5. Lanzelot und Tristan: Wahre Liebe und vollendetes Rittertum

> Ah! he wanders forth again;
> We cannot keep him; now, as then,
> There's a secret in his breast
> Which will never let him rest.
>
> *Tennyson, Idylls of the Kings*

Der Tanz der Liebe

Im Artus-Zyklus geht es sehr oft um die Liebe, von der rein sinnlichen (die ein Puritaner des siebzehnten Jahrhunderts als »gewagt obszön« bezeichnete) bis zur zutiefst mystischen. Die Veränderungen in der Figur des Gawain, der sein Leben als heldenhafte Gestalt begann, geweiht dem Dienst am weiblichen Prinzip (der Göttin), und es als Wüstling beendete, verdeutlichen, auf welche Weise sich verändernde kulturelle Kräfte das beeinflußten, was verschiedene Generationen von Schriftstellern im Bereich der Liebe darstellten.

Für die Kelten war die Liebe ein ganz natürlicher Sport, an dem sich Männer wie Frauen unbekümmert beteiligten. Die Sexualität wurde oft als eine Methode dargestellt, eine mystische Verbindung zu den Elementen herzustellen: So entstand die Vorstellung vom heiligen Königtum und der Hochzeit mit dem Land. Und unzählige Begegnungen mit den »Jungfrauen vom Brunnen« brachten Helden hervor, die mehr als nur zur Hälfte der Anderswelt zugehörig waren. Viele der berühmtesten Helden des Artus-Zyklus haben einen solchen Ursprung, auch Artus selbst, Gawain und die beiden großen Ritter, mit denen wir uns in diesem Kapitel befassen.

Falls man also nach Beweisen für den keltischen Ursprung der Artus-Tradition sucht, braucht man eigentlich nur im oft komplexen Liebesleben dieser beiden Helden zu suchen – und das trotz der Tatsache, daß zu dem Zeitpunkt, als sich dieses literarische Erbe in voller Pracht durchsetzte, während des Mittelalters, die Liebe bereits auf ganz andere Weise gesehen wurde: manchmal als Kult mit all den Versatzstücken einer Religion, manchmal als sündhaftes Treiben, das man am besten aus seinem Leben verbannte, und manchmal als ein romantisches Erlebnis, womit bereits die Vorstellungen des achtzehnten und neunzehnten Jahrhunderts vorweggenommen wurden.

Lanzelots literarische Ursprünge sind verschwommener als die Tristans. Höchstwahrscheinlich stammt er von einer Figur namens Llwch Lleminiawg ab, die namentlich im *Mabinogion* genannt wird und auch in dem Gedicht *Preiddeu Annwn* auftaucht, das wir bereits erwähnten. Er trägt ein feuriges Schwert und kann daher als eine Art Sonnenheld betrachtet werden, ähnlich wie Gawain, mit dem ihn auch noch einige andere Eigenschaften verbinden. Aber abgesehen von diesen spärlichen Hinweisen ist über ihn nichts bekannt, bis er in einem schweizerischen Gedicht aus dem zwölften Jahrhundert mit dem Titel *Lanzalet*[36] wieder auftaucht. Hier wird die Geschichte seiner Kindheit mehr oder weniger wie in der unten beschriebenen Version erzählt, aber er hat noch nicht seine wohl bekannteste Rolle als Liebhaber Guineveres angenommen.

Lanzalet geht wohl mit an Sicherheit grenzender Wahrscheinlichkeit auf ein verlorengegangenes keltisches Originalmanuskript zurück, in dem vermutlich mehr über die Frühgeschichte des Helden berichtet wird. Was den Rest seines Lebens betrifft, können wir uns nur auf mittelalterliche Texte stützen.

Für Tristan hingegen gibt es viel zahlreichere Hinweise. Er hat vielleicht tatsächlich als historische Person gelebt, als Drust oder Durstan, Sohn von Talorc oder Tallwch. Einige Quellen deuten auf eine piktische Abstammung hin. Das macht ihn vermutlich älter als alle anderen Artus-Helden, denn die Pikten waren ein einheimischer Stamm Britanniens, der bereits vor der Ankunft der iberischen Kelten dort lebte. Bruchstückhafte Hinweise auf seine Geschichte, unter anderem seine Affäre mit der Frau von March ap Meirchawn (dem König Marke der späteren Geschichten), finden sich überall in der keltischen Literatur. In den *Triaden*[5] wird er erwähnt als einer der »drei mächtigen Schweinehirten, die auf der Insel Britannien die Schweine von March ap Meirchawn hüteten, während einer der Schweinehirten zu Esyllt ging, um sie um ein Treffen zu bitten.«

Abgesehen von der Tatsache, daß wir hier bereits einen deutlichen Hinweis auf die traditionelle Dreiecksbeziehung zwischen Tristan, Isolde und Marke haben, ist auch die Verbindung von Tristan zu den Schweinen bedeutsam, den heiligen Tieren der keltischen Muttergöttin. Denn in allen Geschichten, in denen es äußerlich gesehen um Liebe und Verrat geht, gibt es immer ein Schattenfundament von anderweltlichen Gestalten, die das Leben der Sterblichen in der Außenwelt spiegeln und beeinflussen. Wenn wir die Geschichte der beiden Helden näher betrachten, erkennen wir, wie sich dies an fast jedem Punkt ihres Lebens zeigt.

Der unedle Ritter

Auf den ersten Blick gibt es wenig grundsätzliche Unterschiede zwischen den Geschichten von Lanzelot und Tristan. Beide werden weit weg von ihrer Heimat und ihrer Familie geboren und erzogen; beide sind mächtige Kämpfer, denen in ihrer Zeit niemand an Rang gleichkam; beide werden als Paradebeispiele der höfischen Liebe bezeichnet, jener seltsamen Bewegung des zwölften Jahrhunderts, die eine Tugend aus der Liebe außerhalb der Ehe machte und den Dienst eines Liebhabers an seiner Geliebten auf eine Ebene beinahe religiöser Inbrunst erhob.

Doch es gibt Unterschiede, die offenkundig werden, wenn man die Lebensgeschichten beider genauer betrachtet – Unterschiede, die letztendlich die Art der Liebe betreffen, die jeder der beiden auf seine Weise verfolgt.

Lanzelot ist der Sohn von König Ban von Benwick und seiner Königin Elaine. Kurz nach der Geburt seines Sohnes wird Ban, einer der zuverlässigsten Anhänger von König Artus in den Anfangstagen von dessen Regierung, in einen Krieg mit einem Nachbarkönig verwickelt, Claudas, der schließlich sein Land erobert und den rechtmäßigen König und seine Königin zur Flucht zwingt. Während der Flucht blickt Ban sich um und sieht seine Burg in Flammen stehen. Bei diesem Anblick fällt er in eine tiefe Ohnmacht, aus der er nie mehr erwacht. Seine Königin, die ihm zur Hilfe eilt, läßt ihren Sohn, der damals noch Galahad hieß, einen Moment lang unbeaufsichtigt. In diesem Augenblick taucht die Dame vom See auf und entführt das Kind in ihren Palast unter Wasser. Außer sich vor Schmerz läßt Elaine an der Stelle, wo König Ban stürzte, eine Kapelle errichten. Der Knabe Galahad, der nun Lanzelot vom See genannt wird, wächst in der Gesellschaft von Frauen und feenartigen Meermännern im

Palast der Herrin vom See auf. Er lernt schnell und entwickelt große Körperkraft und Geschicklichkeit in der Handhabung von Waffen. Er begegnet seinen Vettern Lionel und Bors sowie einem Halbbruder namens Ector, und als Lanzelot achtzehn wird, machen sich die vier jungen Männer auf den Weg zu Artus' Hof und zu seinen berühmten Rittern von der Tafelrunde.

In Erinnerung an König Bans Unterstützung in seiner Jugend überhäuft Artus den Neuankömmling mit Ehren und schlägt Lanzelot am Johannistag zum Ritter. In einigen Versionen der Geschichte ist es eine der ersten Aufgaben Lanzelots, Artus' Braut Guinevere, die Tochter von König Leodegrance, zur Hochzeit nach Camelot zu holen, und bei dieser Gelegenheit verlieben sich die beiden ineinander. In anderen Texten ist Guinevere bei Lanzelots Ankunft bereits Königin, und er wird bald zu einem der Ritter der Königin, einer Art Untergruppe der Tafelrunde, der die jungen aufstrebenden Ritter angehörten, ehe sie sich voll bewiesen hatten. Lanzelot besteht sodann eine ganze Reihe von Abenteuern, die ihn über alle Zweifel hinaus als den größten Ritter seiner Zeit erweisen. Er erobert unter anderem den dunklen Turm einer Burg namens *Dolorous Gard* (»Schmerzensburg«), die er dann zu seinem eigenen Zuhause macht und in *Joyous Gard* (»Freudenburg«) umbenennt. Auf dem von Geistern heimgesuchten Friedhof der Burg hebt Lanzelot den Deckel eines großen Grabes hoch, den sonst niemand bewegen konnte, und findet darin seinen wahren Namen und seine Abstammung sowie eine Prophezeiung hinsichtlich seines eigenen Sohns, der ebenfalls Galahad heißen wird.

Als er nach Camelot zurückkehrt, wird er zum Ritter der Tafelrunde und hilft Artus dabei, die Rebellion des stolzen Prinzen Galahaut niederzuschlagen, der sich Artus ergibt, nachdem er Lanzelots Ritterlichkeit und Tapferkeit in der Schlacht miterlebt hat. Anschließend wird er zum engsten Freund Lanzelots und in einer späteren Episode, die von Dante berühmt gemacht wurde[11], zum Mittler zwischen dem schüchternen Ritter und der Königin, die dieser verehrt.

Darauf folgt die Zeit der falschen Guinevere (siehe Kapitel 1), während der die wahre Königin mit Lanzelot in Galahauts Reich Surluse (vermutlich die Scilly-Inseln) Zuflucht sucht. Nachdem die falsche Guinevere entdeckt und getötet worden ist, bringt Lanzelot die wahre Königin zu Artus zurück, aber nun ist das Paar unwiderruflich ineinander verliebt, und Lanzelots Leben wird von diesem Moment an zu einem endlosen Kampf mit seinem Gewissen, das ihn auf ein Abenteuer nach dem anderen führt, um nur fern vom Hof und der Königin zu sein. Auf einem dieser Abenteuer rettet er eine Dame aus einem Bad mit kochendem Wasser, in das sie durch einen Zauber auf mehrere Jahre verbannt worden war. Es handelt sich um Elaine von Corbenic, die Tochter von König Pelles, dem Gralswächter. Lanzelot wird durch einen Trick dazu gebracht, Elaine für Guinevere zu halten, und zeugt einen Sohn mit Elaine, der Galahad genannt wird und zum späteren Entdecker des Grals bestimmt ist.

P. L. Travers meint, daß Lanzelot möglicherweise Keuschheit gelobte, nachdem er Guinevere nicht haben konnte. Daher trieb ihn die Erkenntnis, daß er nicht nur seine Liebe zu Guinevere, sondern auch den eigenen Schwur verraten hatte, für eine Weile in den Wahnsinn. Schließlich fand ihn Elaine nackt und hungrig durch den Wald irrend, pflegte ihn gesund und kehrte dann mit ihm für eine Weile zur Burg *Joyous Gard* zurück.

Bald danach beginnt die Gralssuche, mit der wir uns ausführlicher im nächsten Kapitel befassen werden. Lanzelots Rolle dabei ist ambivalent. Die Ankunft seines Sohns Galahad setzt das ganze Abenteuer in Gang, und die beiden, Vater und Sohn, entwickeln eine tiefe Beziehung zueinander, die aber von kurzer Dauer ist, da Galahad am Ende der Suche stirbt. Lanzelot selbst erlebt mehrere Visionen vom Gral und gelangt schließlich bis an die Tür der Kapelle, in der das heilige Gefäß aufbewahrt wird. Aber er wird von einer Engelsgestalt daran gehindert, die Kirche zu betreten, und fällt in einen Trancezustand, der mehrere Wochen andauert. Ihm wird noch vor dem Ende der Suche klargemacht, daß sein Scheitern einzig und allein auf seine Liebe zur Königin zurückzuführen ist, die seine Liebe zu Gott übersteigt, und für eine Weile ist er entschlossen, sich davon zu lösen. Aber als die Gralssuche vorbei ist, nimmt er seine alten Gewohnheiten wieder auf, womit der Niedergang des arturischen Traums eingeleitet wird.

Nach der Gralssuche, als viele der älteren Ritter tot oder verschwunden sind, tritt eine jüngere Gruppe in den Vordergrund, und Mordred, Artus' illegitimer Sohn, plant alsbald die Vernichtung der Tafelrunde. Er entdeckt die Liebenden im Zimmer der Königin, gerade als sie zu dem Entschluß gelangt sind, ihre langjährige Verbindung zum Besten des Reichs aufzugeben. Mordred zwingt Artus, seine Frau zum Tod auf dem Scheiterhaufen zu verurteilen. Lanzelot rettet sie, tötet dabei aber aus Versehen Gareth und Gaheris, die Brüder Gawains, und löst so einen Krieg aus, den keine der Parteien will, der aber mit dem Tod Gawains endet. Mordred, der das Königreich als Statthalter regiert, während Artus Lanzelot in dessen Heimat Frankreich verfolgt, erklärt seinen Vater für tot und ruft sich selbst zum König aus. Artus kehrt zurück und zieht in eine letzte Schlacht gegen seinen Sohn, in der er sich die Wunde zuzieht, die ihn schließlich nach Avalon bringt. Lanzelot kommt seinem alten Freund zu Hilfe, hat aber zu spät von der Sache erfahren. Er besucht nun Guinevere, die inzwischen in einem Kloster in Amesbury lebt, zum letzten Mal, und nachdem er sich von ihr verabschiedet hat, legt er seine ritterlichen Waffen ab, um das Leben eines Einsiedlers zu führen. So beschließt er seine Tage, und als er schließlich von Guineveres Tod hört, überlebt er sie nicht lange. Er wird in der Burg *Joyous Gard* begraben, während Guinevere ihre letzte Ruhestätte neben Artus findet.

Lanzelots Halbbruder Sir Ector, beinahe der letzte der ursprünglichen Ritter der Tafelrunde, spricht die folgende Trauerrede bei Lanzelots Begräbnis, wobei er wohl für fast alle Ritter spricht:

> »Ach, Lanzelot«, sagte er. »Du warst das Haupt aller christlichen Ritter, und ich sage getrost, da du nun hier liegst, daß du niemals von einem irdischen Ritter besiegt worden bist. Du warst der ritterlichste Mann, der je einen Schild trug. Deinen Freunden warst du der beste Freund, der je ein Pferd bestieg; und unter allen sündigen Männern warst du der treueste Liebende, der je ein Weib geliebt hat. Du warst der gütigste Mann, der je einen Schwertstreich führte, und der tapferste Krieger, der je im Kampfgetümmel unter Rittern focht. Du warst der sanftmütigste und liebenswürdigste Mann, der je in der Halle mit den Damen speiste, und der unerbittlichste Ritter gegen deinen Todfeind, der je die Lanze einlegte.«[46]
>
> *Malory, Buch XXI, Kap. 13*

So endet die Geschichte des größten aller arturischen Ritter und vielleicht auch des tragischsten. Lanzelot ist hin- und hergerissen zwischen Liebe und Pflicht, und in seinem Kampf, beidem gerecht zu werden, geht er unter und zieht das Reich mit sich. Sein Scheitern bei der Gralssuche ist eine der traurigsten Geschichten im ganzen Zyklus. Lanzelots Herz ist so groß, daß er es um ein Haar schafft, dieses größte aller Abenteuer zu bestehen. Aber er ist nicht stark genug, und sein Scheitern ist um so schlimmer, weil es so knapp ist. Seine Liebe zu Guinevere erweist sich als stärker als seine Liebe zu Gott, aber es ist auf ihre Art eine reine Liebe. In den vielen Jahren der ungebrochenen Ergebenheit für die Frau, die er liebt, wirft Lanzelot niemals auch nur einen einzigen Blick auf eine andere (mit Ausnahme von Elaine, die ihn mit einem Trick in ihr Bett lockt). Er rettet sie mehr als nur einmal, er ist ihr Diener, ja, ihr Sklave. Als er loseilt, um sie vor Meleagraunce zu retten, benutzt er fast ohne Zögern einen Karren, ein Gefährt, das in jenen Tagen dem Transport von Verbrechern, von Toten oder von Mist vorbehalten war, nur um bei seiner Ankunft von Guinevere beschuldigt zu werden, weil er eine Sekunde lang gezögert hatte. Doch selbst angesichts dieses und anderer Vorkommnisse, bei denen die Königin an seiner Treue zweifelt, bleibt seine Liebe unerschütterlich.

Seine sehr menschlichen Eigenschaften machen Lanzelot zu einer der unvergeßlichsten Gestalten im gesamten Zyklus, von dem diejenigen viel lernen können, die die Bedeutung der Artus-Tradition besser verstehen wollen.

Der Traurige

Tristans Geschichte ähnelt oberflächlich gesehen zwar der Lanzelots, ist im Kern jedoch sehr unterschiedlich. Der Sohn von König Meliodas und Königin Elisabeth von Lyonesse bekommt seinen Namen (abgeleitet vom französischen *triste* = traurig) aufgrund der Umstände seiner Geburt. Sein Vater wird von einer Zauberin entführt, seine Mutter begibt sich trotz ihrer Schwangerschaft auf die Suche nach ihm, bringt ihren Sohn in den Tiefen des Waldes zur Welt und stirbt kurz darauf. Tristan wird von einem Vasallen von König Meliodas namens Governal aufgezogen, bis seine Stiefmutter versucht, ihn zu vergiften, damit ihre eigenen Söhne das Erbe antreten können. Danach wird er unter der Obhut von Governal ins Ausland geschickt, wo er in den höfischen Künsten der Jagd und der Falknerei ausgebildet wird und zu einem ungewöhnlich guten Harfenisten wird.

Nach einigen Jahren kehrt Tristan nach Britannien zurück und besucht den Hof seines Onkels König Marke von Cornwall. Dort erfährt er von einem jährlichen Tribut von Jünglingen und Jungfrauen, der an den König von Irland zu zahlen ist. Er erklärt sich bereit, für den König anzutreten, und kämpft gegen einen riesenhaften irischen Krieger, der als Morhold von der Insel im Meer bekannt ist. Er geht als Sieger hervor und tötet Morhold, zieht sich dabei aber eine vergiftete Wunde zu, die sich allen Heilkünsten widersetzt und kurze Zeit später so übel riecht, daß man Tristan auf den Rat einer alten Frau hin in einem kleinen Boot aussetzt. Auf diese Weise gelangt er nach Irland. Dort bringt man ihn zur Tochter des irischen Königs, Isolde, die sich in den Heilkünsten gut auskennt. Er nennt sich »Tantrist« und gibt sich als wandernder Harfenspieler aus. Doch als Isolde von seiner wahren Identität erfährt, kommt Tristan fast ums Leben. Morhold war ihr Onkel, und man muß sie zurückhalten, damit sie sich nicht auf dessen Mörder stürzt. Doch im Laufe einiger Wochen verwandelt sich ihr Haß in Mitleid und schließlich in Liebe, während sie immer mehr Zeit in der Gesellschaft des jungen Kriegers verbringt.

Das Paar tauscht Ringe aus, ehe Tristan Irland verläßt, um an Markes Hof zurückzukehren, aber dort angelangt, vergißt er Isolde wohl rasch, denn als nächstes hören wir von ihm, daß er mit König Marke um die Gunst der Gattin von Segwarides wetteifert. Vielleicht aufgrund dessen wendet sich Marke gegen seinen jungen Neffen. Doch als der zunehmende Druck von seinen Adligen den König zwingt, sich nach einer Frau umzusehen, schickt er Tristan nach Irland, um den unsicheren Frieden zwischen den beiden Ländern zu besiegeln, indem er für Marke um die Hand von Isolde von Irland anhält. Tristan hat keine Probleme, dies zu arrangieren, denn er hatte sich mit Isoldes Vater, König Anguish, angefreundet. Doch auf der Heimreise trinkt das Paar einen Liebestrank, den Isoldes Mutter zubereitet hatte und der den Erfolg von Isoldes Ehe mit Marke sicherstellen sollte. So werden Tristan und Isolde nun doch noch zum Liebespaar.

Brangaine, Isoldes treue Dienerin, opfert ihre eigene Jungfernschaft und gibt in der Hochzeitsnacht vor, ihre Herrin zu sein. Danach beginnen Tristan und Isolde eine langwährende Liebesbeziehung und treffen sich bei jeder Gelegenheit. Sie entwickeln ein kompliziertes System für den Austausch von Botschaften und betrügen Marke jahrelang, bis ein eifersüchtiger Ritter namens Andret sie verrät und sie zur Flucht gezwungen werden. Nun beginnen sie ein idyllisches Wanderleben in den Tiefen des Waldes von Morrois, bis sie schließlich von Marke aufgespürt werden. Als er sieht, daß die beiden mit einem Schwert zwischen sich schlafen (was nur ein Zufall und keine Absicht war), glaubt er, dem Paar möglicherweise unrecht getan zu haben, und bietet an, Isolde unter der Bedingung zurückzunehmen, daß Tristan ins Exil geht.

Auf seiner Wanderschaft durch Britannien wird Tristan zum Ritter der Tafelrunde und erweist sich bald als den Besten der Bruderschaft ebenbürtig. Einmal zwingt er sogar Lanzelot zu einem Unentschieden. Die beiden werden zu Freunden, aber Tristan treibt es bald wieder weiter: Er nimmt in der Bretagne den Dienst bei König Hoel auf, dessen Tochter zufällig ebenfalls Isolde heißt. Tristan freundet sich mit ihrem Bruder an, der ihn überredet, diese zweite Isolde zu heiraten, aber die Ehe wird

Tristan und Isolde

niemals vollzogen. Kurz darauf kehrt Tristan nach Cornwall zurück und entführt die erste Isolde. Sie finden eine Weile Zuflucht in Lanzelots Burg *Joyous Gard*, bis Artus sich einschaltet und Marke überredet, beiden zu verzeihen und Isolde zurückzunehmen. Tristan kehrt in die Bretagne zurück und wird in einem Kampf verwundet, in dem er auf Seiten von König Hoel kämpft. Er schickt eine Nachricht an Isolde von Irland, zu kommen und ihn zu heilen. Den Seeleuten, die diese Botschaft überbringen, erklärt er, sie sollten ein weißes Segel setzen, wenn sie erfolgreich seien, aber falls Isolde sich weigerte, mitzukommen, sollten sie ein schwarzes Segel aufziehen. Isolde folgt seiner Bitte und kommt, aber ihre Namensschwester, die Tristan sehr liebt und auf seine große Leidenschaft eifersüchtig ist, sagt ihm, das Segel sei schwarz. Daraufhin wendet Tristan sein Gesicht zur Wand und stirbt. Isolde von Irland findet bei ihrer Ankunft ihren Liebsten tot vor. Sie legt sich neben ihn und stirbt ebenfalls. Sie werden in nebeneinanderliegenden Gräbern bestattet, auf denen eine rote und eine weiße Rose sprießen, die sich miteinander verzweigen, Zeichen einer Liebe, die über den Tod hinausreicht. Isolde von der Bretagne stürzt sich daraufhin von einer Klippe und stirbt ebenfalls. Marke lebt weiter und plündert Artus' Reich, nachdem dieser nach Avalon entschwunden ist.

Die zwei Gesichter der Liebe

Tristan, der traurige, und Lanzelot, der unedle Ritter, umspannen die gesamte Bandbreite leidenschaftlicher Beziehungen, aber ihre Geschichten, wenn auch grundsätzlich ähnlich, sind doch von sehr unterschiedlicher Art. Lanzelot ist grundsätzlich ein Mann von Ehre, dessen echter Schmerz über den Verrat am König, den er liebt und dem er dient, ihn zum menschlichsten Charakter im gesamten Zyklus macht. Nachdem er erst einmal die Liebe zwischen sich und Guinevere erkannt hat, läßt er keine Gelegenheit aus, sich vom Hof zu entfernen, und wird mit jedem Abenteuer geehrter und für Frauen begehrenswerter. Trotzdem ist er seinen Gefühlen hilflos ausgeliefert und kehrt immer wieder zur Königin zurück wie ein Falke zum Köder.

Tristan hingegen ist eine insgesamt amoralischere Gestalt. Wir sehen, wie er Isolde umwirbt und im nächsten Moment der Frau von Sir Segwarides hinterherjagt. Später, nach langen Jahren als Liebhaber von Isolde von Irland, läßt er sich dazu überreden, deren Namensschwester in der Bretagne zu heiraten. Er lehnt es auch nicht ab, Marke alle möglichen Tricks zu spielen, unter anderem, indem er als Bettler verkleidet Isolde über einen Fluß trägt, damit sie den öffentlichen Eid schwören kann, daß niemand anderer jemals Hand an sie gelegt habe.

Dann ist da noch die Sache mit dem Liebestrank, der für Isolde und Marke bestimmt war. Darüber ist viel geschrieben worden und auch, welche Wirkung dies auf die »Moral« der Geschichte hat. Er ist ganz eindeutig Bestandteil schon der frühesten Version der Geschichte, und obwohl einige Texte meinen, daß seine Wirksamkeit auf fünf Jahre begrenzt war, gehört er doch als essentieller Bestandteil zum Szenario. Die Frage ist, ob der Trank die Ursache für die Liebe zwischen Tristan und Isolde war oder ob ihre Leidenschaft sich trotzdem entwickelt hätte. Darauf kann es keine endgültige Antwort geben – wir können nur die Geschichte betrachten, wie sie ist, und für uns selbst entscheiden. Ein späterer Text von der *Tavola Ritonda*[69] berichtet jedoch, daß Papst Agapitas (sic) allen Ablaß gewährte, die für die Seelen von Tristan und Isolde beteten, denn es sei ja der Trank gewesen, der sie zu ihrem Sündenfall brachte!

Ein anderer Aspekt der Geschichte, der ein Licht auf Tristans Rolle wirft, ist der Charakter Markes. Im Gegensatz zu Artus ist er ganz und gar nicht der edle König, und er geht sogar so weit, Isolde in die Hände einer Gruppe von Leprösen zu geben, zur Strafe dafür, daß sie ihr Ehegelöbnis gebrochen hat. Er plant mehrfach, Tristan umzubringen, was ihm in zumindest einer Version der Geschichte um ein Haar auch gelingt, als einer seiner Anhänger den Helden tödlich verwundet.[46]

Aber was können wir aus alldem lernen, abgesehen von der offensichtlichen moralischen Lektion? Wie paßt die

Liebe Lanzelots zu Guinevere und die Tristans zu Isolde in die Vorstellungen vom Rittertum? Malory macht dazu in einer großartigen und zu Recht berühmten Passage die folgende Bemerkung:

> Denn wie Schnee und Eis des Winters den grünen Sommer stets zerstören und verderben, so vollbringt dies unbeständige Liebe bei Mann und Frau. Und viele Menschen sind recht unbeständig. Alle Tage sieht man, wie wir wegen eines leichten Hauchs des Winterfrostes welken und treue Liebe, die so viel gekostet hat, um wenig oder nichts beiseite schieben ... Früher war die Liebe anders. Männer und Frauen konnten sieben Jahre lieben, ohne daß wollüstige Begierden zwischen ihnen entstanden. Damals gab es Liebe und Treue und Beständigkeit, und so war es mit der Liebe auch in den Tagen des König Artus.[46]
>
> *Malory, Buch XVII, Kap. 25*

Die Treue zwischen Liebhaber und Geliebter scheint hier wichtiger als die zwischen Ehemann und Ehefrau, und so dachte in der Tat die Mehrheit der Menschen in jenen Tagen, als Ehen ganz selbstverständlich aus politischen Gründen und nicht aus Liebe arrangiert wurden. Der Sittenkodex der Troubadoure, die in jenen Tagen, als die Artus-Tradition ihren Höhepunkt erlebte, durch fast ganz Europa zogen, ist in fast jedem Teil der Geschichten um Lanzelot und Tristan zu spüren. Für sie war Liebe zwischen Verheirateten unmöglich, und sie stellten die Figur des oder der Geliebten auf ein Podest, auf dem sie bis zum reaktionären Rückschlag der puritanischen Ethik im siebzehnten Jahrhundert verbleiben sollte. Die Bewegung, die als höfische Liebe bekannt wurde, war so stark, daß die Kirche sich gezwungen sah, sich dagegen auszusprechen – auch das ist in den Artusgeschichten zu spüren, wo eine neue Art von Liebe, wie sie in der Suche nach dem heiligen Gral geschildert wird, die Form der großen Liebesgeschichten zu verändern begann.

Ein gewisses angeborenes Leiden

Im zwölften Jahrhundert, als sich die höfische Liebe auf dem Höhepunkt befand, stellte ein Schreiber in den Diensten von Marie de Champagne, Tochter der großen Königin Eleonore von Aquitanien, ein Buch von Regeln zusammen, in dem die Bräuche um sämtliche Handlungen von Liebenden bis ins kleinste aufgeführt wurden. Er nannte es *The Art of Courtly Love* (»Die Kunst der höfischen Liebe«)[6] und gab darin eine ganz andere Definition als Malory fast dreihundert Jahre später:

> Die Liebe ist ein gewisses angeborenes Leiden, das aus dem Anblick und dem unausgesetzten Nachdenken über die Schönheit des anderen Geschlechts entsteht, was bei jedem vor allem den Wunsch hervorruft, den anderen zu umarmen, und ein allgemeines Sehnen danach, alle Liebesdinge in der Umarmung des anderen auszuführen.

Das beschreibt ausgezeichnet die intensive Leidenschaft, die die großen Helden und ihre königlichen Geliebten bekunden, doch es enthüllt nicht das Mysterium, das beide antreibt. Ein drittes Zitat aus der größten mittelalterlichen Nacherzählung der Tristangeschichte durch Gottfried von Straßburg[21] eröffnet uns noch eine weitere Dimension.

In dieser Geschichte sind die Liebenden geflohen und haben Zuflucht im Wald von Morrois gefunden, wo sie ein idyllisches Leben führen. Gottfried schmückt die ursprüngliche Geschichte aus und beschreibt die beiden in einer phantastischen Höhle, die er in allen Einzelheiten schildert:

> Die Geschichte sagt uns, daß diese Höhle groß und rund und gerade war, mit schneeweißen, glatten Wänden rundum. Das Gewölbe war fein verziert, und auf dem Mittelstein war eine wunderschön gearbeitete goldene Krone eingraviert, mit kostbaren Edelsteinen besetzt. Der Boden war glatt und aus glänzendem Marmor, so grün wie Gras. In der Mitte stand ein Bett, das auf höchst wundersame Weise aus einem einzigen Kristall gehauen ... und der Göttin der Liebe gewidmet war. Im oberen Teil der Grotte waren kleine Fenster aus dem Stein gehauen, um das Licht einzulassen, und durch diese schien die Sonne an mehreren Stellen.
>
> *(nach der engl. Übers. v. A. T. Hatto)*

Gottfried deutet diesen phantastischen Ort in allen Einzelheiten: Die Höhle ist rund, hoch und gerade als Zeichen für die Schlichtheit der Liebe, ihre Macht und ihr Streben, das »hoch in die Wolken reicht«. Die Krone steht für die Tugenden der Liebe, die weißen, glatten Wände für ihre Integrität, während das Bett aus Kristall ein Zeichen für die Durchsichtigkeit und Klarheit echter Liebe ist. Selbst die Fenster stehen für »Freundlichkeit, ... Demut ... und Bildung«, und durch sie fällt das Licht der Ehre.

Hier ist Liebe also immer noch gleichbedeutend mit Ehre, obwohl der Rest der Welt das anders beurteilen würde. Sie ist aber auch Freude und bietet damit ein Beispiel, das andere, die davon hören, verwandelt. Gottfried sagt dazu:

> Wenn die beiden, über die diese Geschichte berichtet, nicht Kummer um der Freude willen erlitten hätten, den Schmerz der Liebe als Preis für die Ekstase

in ihrem Herzen, hätten ihr Name und ihre Geschichte niemals so vielen edlen Geistern so viel Freude und Entzücken geschenkt.

So wird aus menschlicher Leidenschaft schließlich Inspiration, und dahinter erkennen wir vielleicht eine tiefere Botschaft, die zurück in jene älteren Zeiten führt, in denen die Geschichten entstanden sind. Nach dieser Sichtweise sind die menschlichen Liebenden Stellvertreter, die den Göttern selbst erlauben, die Liebe in allen ihren Aspekten zu erleben. Dadurch sind sie besser befähigt, die Sterblichen zu verstehen, die Interaktion zwischen den Welten wird gestärkt, und die Kanäle zwischen dem Menschlichen und dem Göttlichen bleiben offen.

Es ist von Bedeutung, daß sowohl Tristan wie auch Lanzelot Königinnen lieben. Ein Absatz aus dem »Perceval« von Chrétien de Troyes, zitiert von Jean Markale[48], in dem sich Gawain auf Guinevere bezieht, macht diese Bedeutung und auch vieles andere in den Geschichten um Lanzelot und Tristan klar:

> »So wie ein weiser Lehrer die kleinen Kinder lehrt, lehrt meine Herrin, die Königin, alle Lebewesen. Von ihr fließt alles Gute in die Welt, sie ist dessen Quelle und Ursprung. Niemand wird sich von ihr verabschieden und entmutigt von dannen ziehen, denn sie weiß, was ein jeder sich wünscht und wie sie allen entsprechend ihren Wünschen gefällig sein kann.«[48]

Das zeigt deutlich, was alle Troubadoure und ihresgleichen mit jedem Lied und jedem Gedicht sagten, nämlich daß es das göttliche Element in den Frauen ist, das die Männer anregt und dazu inspiriert, über sich selbst hinauszuwachsen. So wird das Rittertum selbst durch die Liebe angetrieben, genau wie die Liebe durch den Dienst angetrieben wird, zu dem sich alle verpflichten müssen, die den Eid der Ritterschaft ernst nehmen. Die Liebe selbst wird so zu einer Initiation, und deshalb finden wir auch so viele Frauen in den Artus-Zyklen, die aus der Anderswelt stammen. Wir haben gesehen, daß viele der Helden, die sie umwerben, verehren oder heiraten, dieses Erbe ebenfalls teilen, so daß am Ende die Welten auf jeder Ebene zusammengebracht werden, der physischen, der emotionalen und der spirituellen. Letztere, die durch die Gralssuche repräsentiert wird, zeigt schließlich noch ein weiteres Gesicht der Liebe.

Übung 5: Die Höhle des Herzens

Die in der Tristanlegende geschilderte Höhle, die zur Zuflucht der Liebenden wird, war viel mehr als eine aus dem Stein herausgehauene Grotte. Sie war ein symbolischer Ort, deren Betreten eine bestimmte Geisteshaltung bedeutete. Es gibt einen ähnlichen Ort, den man als die »Höhle des Herzens« bezeichnet, weil er einen zutiefst inneren Zustand beschreibt, den Raum, in dem Mitgefühl entsteht, ein Aspekt der Liebe, der gleichzeitig am leichtesten und am schwersten zu verstehen ist. Die folgende Übung sollte daher nur von jenen unternommen werden, die ein gewisses Maß an Gleichgewicht erreicht haben, so daß es ihnen möglich ist, die Welt und deren Ereignisse aus einer gewissen Distanz zu betrachten. Aus dieser leidenschaftslosen Haltung heraus ist es möglich, tief empfundene Liebe zur Welt und allen ihren Bewohnern zu empfinden.

Sieh vor dir eine Tür und hinter der Tür einen dämmrig beleuchteten Raum ohne Fenster und voll tiefster Stille. Lasse alle Wut, Angst, Eifersucht, Mißtrauen und Haß vor dem Betreten dieses Raums hinter dir zurück. Laß dich tief in die Meditation sinken. Dann werde dir gewahr, daß eine zweite Person sich mit dir in diesem Raum befindet, eine hochgewachsene, majestätische Frau, die mit gesenktem Kopf über einem offenen Buch sitzt, das auf dem Tisch vor ihr liegt. Mit dieser Wahrnehmung kommt zugleich noch eine weitere, nämlich, daß sie deiner ebenso gewahr ist, wie du dir ihrer bewußt bist, und daß sie in Worten zu dir spricht, die nur du allein verstehen kannst.

Was sie sagt, ist nur für dich allein bestimmt, doch es wird sich um etwas handeln, das von Bedeutung ist für deine tiefsten Bedürfnisse oder Gefühle, die Qualitäten, die dich motivieren und die dir die tiefsten Einsichten schenken. Denn du mußt wissen, daß dies Guinevere ist, die Königin, die auch die verwundete Herrin ist, wie Artus der verwundete König ist. Ihre Wunden sind nicht allein körperlicher Natur, sondern auch geistig, und sie werden durch die Taten aller Menschen hervorgerufen, die sich selbst und die Welt, die sie bewohnen, tief verletzen, ob bewußt oder unbewußt.

Nur eines bringt Veränderung und Heilung im Herzen der verwundeten Königin, und das ist Mitgefühl, eine selbstlose Sehnsucht nach dem Guten, das die höchste Ebene aller menschlichen Liebe darstellt. Dies kann sich als ein Wunsch darstellen, etwas zu tun, das dem Geliebten gefällt, oder als zutiefst emotionale Reaktion auf die Dunkelheit, die das Antlitz der Welt von Zeit zu Zeit bedeckt.

Entdecke also in dir selbst den Wunsch, etwas richtigzustellen, etwas zu heilen, eine bestimmte, schmerzhafte Wunde, sei es auf der persönlichen, der globalen oder sogar der kosmischen Ebene. Konzentriere dich auf diesen Wunsch, und er wird sich Guinevere vermitteln und von ihr in dem vor ihr aufgeschlagenen Buch aufgezeichnet werden. Beachte dabei, daß dieser Wunsch aus dem selbstlosen Verlangen entstehen muß, eine Veränderung herbeizuführen, nicht in der Persönlichkeit des Handelnden, sondern in der Form und im Rhythmus des lebendigen Kosmos.

Wenn du fertig bist, lasse die Wahrnehmung des Raumes und die Präsenz der Königin langsam entschwinden, bis du dir wieder der Umgebung bewußt wirst, in der du deine Meditation begonnen hast.

Nimm dir soviel Zeit wie nötig für diese Arbeit. Kehre immer wieder zu ihr zurück, bis du das Gefühl hast, daß etwas in Gang gesetzt worden ist. Dies ist keine leichte Übung, und es braucht vielleicht einige Zeit, ehe du eine Art Antwort bekommst. Erst über einen langen Zeitraum hinweg werden sich die Wirkungen bemerkbar machen, und damit wird die Höhle des Herzens auf eine Weise zu strahlen beginnen, daß der Glanz dein tägliches Leben durchdringt. Denn so heißt es in den Kreisen der Mächtigen: »Es liegt ein Segen auf allen, die dienen.«

6. Die Gralssuche: Spiritualität und die Suche nach dem Absoluten

Als sich alle gesetzt hatten und Schweigen eingetreten war, ertönte ein tiefes Grollen, so laut und so schrecklich, daß sie glaubten, der Palast würde einstürzen. Plötzlich wurde die Halle von einem Sonnenstrahl erleuchtet, der den Palast siebenmal heller erstrahlen ließ, als man ihn jemals gesehen hatte ... Als sie lange Zeit so gesessen hatten, unfähig, ein Wort zu sagen, und sich nur wie tumbe Irre anstarrten, erschien der Heilige Gral, der mit einem Tuch aus weißem Sammet bedeckt war; doch man sah keine menschliche Hand, die ihn trug. Er kam durch die große Tür herein, und sogleich war der Palast von einem Duft durchdrungen, als wären alle Gewürze dieser Welt verstreut worden.

Queste del Saint Graal

Kessel oder Kelch?

Dion Fortune, die große zeitgenössische Visionärin, schrieb vor fast fünfzig Jahren: »Es gibt in der Geschichte der Menschheit Zeiten, zu denen das innere Leben an die Oberfläche tritt und seinen Ausdruck findet, und aus diesen Rissen im Schleier ergießt sich das Licht aus dem inneren Heiligtum.«[14]

So geschah es auch mit der Gralslegende. Vor allzu

langer Zeit, um es noch mit einiger Sicherheit belegen zu können, kristallisierte sich eine Idee zu der Gestalt eines heiligen Gefäßes, das das Potential aller Weisheit und allen Wissens enthält und damit auch der Erkenntnis. In der alten hellenischen Mysterienweisheit war es der *crater*, der Kelch, in dem die Götter die Substanz der Schöpfung selbst mischten. Die Sufis sahen ihn als den Kelch von Jamshid, aus dem Wissen und göttliche Inspiration verteilt werden. Dieses Bild findet sich auch in Indien, in Japan, in Rußland und unter den keltischen Stämmen, wo man ihn als den lebensspendenden Kessel der Göttin Ceridwen oder des Gottes Bran kennt.

Irgendwann zu Beginn des elften Jahrhunderts schrieb dann jemand, vielleicht von der inneren, magischen Geschichte dieser Zeit beeinflußt, eine Fabel, die eine keltische oder orientalische Legende mit den Moden und Sitten der Zeit ausstattete. Wir kennen die Identität dieses Schriftstellers nicht, aber immerhin gibt die Tradition ihm einen Namen – Blihis oder Bliheris – einzigartig unter den Schriftstellern der Artus-Tradition, weil er in einem späteren Text tatsächlich als beteiligte Gestalt auftritt.[13]

Ob er von einem Kessel oder einem Kelch spricht, wissen wir nicht, denn alle Spuren dieser Geschichte sind verschwunden. Aber es ist vielleicht auch gar nicht nötig, genau zu wissen, was es war oder wer hier wen beeinflußte. Über das Aussehen und das Wesen des Grals und ob es sich nun um ein heidnisches oder ein christliches Symbol handelt, hat es viele Auseinandersetzungen gegeben. Aber solche Spekulationen sind am Ende nutzlos, denn sie lenken eher von der Grundbedeutung der Geschichte ab, statt sie weiter zu erhellen. Es gibt in der Tat Aspekte des Grals, die den wundersamen Zauberkessel zu spiegeln scheinen; und andererseits besitzt auch der Zauberkessel Aspekte, die die mittelalterlichen Berichte vom Gral vorwegzunehmen scheinen. Wie immer die Wahr-

Die Herrin des Grals. Von Chesca Potter

heit auch aussehen mag, in den späteren, meist christlichen Versionen zeigt sich jedenfalls die wahre Kraft dieser Geschichte.

Der reine Tor

Die erste schriftlich niedergelegte Geschichte um den Gral, die noch existiert, ist weder heidnisch noch christlich – aber es ist durchaus möglich, sie auf beide Arten zu deuten.

Etwa um 1280 begann Chrétien de Troyes, der bereits für seine Gedichte über verschiedene Aspekte der Artus-Tradition berühmt war, die Arbeit an seiner letzten Romanze, »Perceval oder die Geschichte vom Gral«[8]. Er starb vor ihrer Vollendung und hinterließ ein Rätsel, das die Köpfe zahlloser Erkenntnissuchender immer noch beschäftigt und ihre Träume heimsucht. Seine Geschichte soll hier kurz zusammengefaßt wiedergegeben werden:

> Perceval (andere Schreibweisen sind Parsifal, Parzival, Parzifal) wächst im tiefen Wald bei seiner Mutter auf, die ihren Mann und drei andere Söhne im Kampf verloren hat und entschlossen ist, daß ihr letztes Kind niemals etwas über Waffen und Kriege erfahren soll. Eines Tages begegnet Perceval drei Rittern der Tafelrunde, die er zunächst wegen ihrer glänzenden Rüstungen für Engel hält. Von ihnen erfährt er etwas über die Welt der Menschen. Von diesem Augenblick an kann ihn nichts mehr davon abhalten, sein Zuhause zu verlassen und auf Abenteuer zu gehen. In ihrer Verzweiflung kleidet ihn seine Mutter in schäbige Gewänder, gibt ihm einen Klepper von einem Gaul und rüstet ihn mit einem Kochtopf als Helm und groben Speeren als Waffen aus – in der Hoffnung, daß sein närrisches Aussehen verhindern wird, daß ihm etwas zustößt. Sie rät

ihm zudem, falls ihm unterwegs Frauen begegneten, solle er einen Ring und einen Kuß von ihnen annehmen, aber mehr nicht.

Perceval begegnet als erster der Maid im Zelt, die etwas indigniert reagiert, als er den Rat seiner Mutter befolgt. Gezwungen, vor ihrem eifersüchtigen Liebhaber zu fliehen, vergißt Perceval sie dennoch nie mehr. Am Hof Artus' kommt er gerade rechtzeitig, um zu erleben, wie die Königin von einem Ritter beleidigt wird, der sie mit Wein befleckt und dann ihren Becher raubt. Entschlossen, dies zu seinem ersten Abenteuer zu machen, begibt sich Perceval auf die Verfolgung, tötet den Ritter mit Leichtigkeit und will dessen Überreste gerade kochen, um an die Rüstung seines Gegners zu gelangen, als ihn ein älterer Ritter namens Governal entdeckt. Dieser Mann wird praktisch zur Vatergestalt für den jungen Perceval und bildet ihn in den folgenden Monaten in allen Künsten und Sitten des Rittertums aus. Ehe sie sich wieder trennen, gibt er Perceval einen zweiten Rat: Niemals zu sprechen, ohne daß er gefragt wird, und keine dummen Fragen aus reiner Neugier zu stellen.

Genau dies beeinflußt Percevals nächstes Abenteuer, als er zufällig zur Gralsburg gerät. Der Mann, der in einem kleinen Boot angelt und ihn dorthin verweist, stellt sich als sein Onkel heraus. In der Gralsburg erlebt Perceval eine seltsame Prozession, bei der ein Kerzenleuchter, ein Speer, an dem Blut herabrinnt, und ein geheimnisvolles Objekt mit Namen »Graal« durch die Halle getragen werden. In einer inneren Kammer liegt ein Mann scheinbar dem Tode nahe, der aber durch Nahrung am Leben erhalten wird, die aus diesem »Graal« stammt.

Nichts von alldem wird erklärt, und Perceval, der sich Governals Rat zu Herzen genommen hat, traut sich nicht, nach der Bedeutung zu fragen. Er geht zu Bett, und als er am nächsten Morgen erwacht, ist die Burg verschwunden und er selbst liegt auf harten Steinen. Anschließend wird er von einer entsetzlich häßlichen Jungfrau beschuldigt, eine Gelegenheit für eine wichtige gute Tat versäumt zu haben. Er fühlt sich verstoßen und verzweifelt und wandert lange in der Ödnis umher, bis er zufällig auf eine Pilgergruppe stößt, die ihn daran erinnert, daß Karfreitag ist, der Tag, an dem alle guten Christen beichten und zur Heiligen Kommunion gehen sollten.

Auf dem Weg zu einer Einsiedelei im Wald erfährt Perceval, daß seine Mutter aus Kummer gestorben ist, weil er weder zurückkam noch ihr eine Nachricht von seinen Abenteuern zukommen ließ. Voller Reue macht Perceval sich auf, um sich wieder auf die Suche nach der geheimnisvollen Burg des Fischerkönigs zu begeben. Dann geht die Geschichte zu den Abenteuern Gawains über, der ebenfalls auf der Suche nach dem Gral ist, aber irgendwo in dieser Geschichte bricht das Buch mitten im Satz ab und läßt alles unbeendet und unerklärt.

Dieser Mythos hatte eine solche Ausstrahlung, daß nicht weniger als vier andere Schriftsteller mit unterschiedlichem Erfolg versuchten, Chrétiens Geschichte zu vollenden. Lange vorher waren allerdings andere, möglicherweise davon unabhängige Versionen aufgetaucht. Wir wissen bereits, daß Robert de Boron eine Trilogie von Werken schrieb, in denen er versuchte, die fehlenden Teile der Geschichte zu ergänzen. Dabei identifizierte er den Graal oder Gral mit dem Kelch, den Jesus beim Letzten Abendmahl benutzte, und machte die Geschichte so auf alle Zeiten zu einem festen Bestandteil der christlichen Tradition. Daß er dabei vielleicht nicht der erste war, ist nicht so bedeutsam (er merkt an, daß er einem anderen Text folgt); seine Version der Geschichte wird am bekanntesten, und sie löste vermutlich eine Reihe anderer Erzählungen aus, in der die Gralsgeschichte so ausgeschmückt und in allen Einzelheiten erweitert wurde, wie es sich wohl weder Chrétien noch Robert jemals erträumt hatten – und ganz sicher nicht der geheimnisvolle Bliheris.

Parzival, der »reine Tor«, wird zum Helden des Grals, und mehrere Geschichten von immer größerer Komplexität erweiterten seine Rolle und versuchten die Bedeutung des Grals in immer erstaunlicheren Einzelheiten zu erklären. An jeder Stelle werden neue Aspekte hinzugefügt. Der Gralswächter wird zum Angehörigen einer ganzen Familie mit dieser Aufgabe, die von Joseph von Arimathäa abstammt, dem reichen Juden, der sein eigenes Grab für Jesu Leichnam zur Verfügung stellte und den Gral – und seine Geheimlehren – vom auferstandenen Messias persönlich empfangen haben soll.

Irgendwo in all diesen Geschichten hat jemand den Grund für die Schwäche des alten Königs damit erklärt, daß er Opfer eines Hiebs von Ritter Balin dem Wilden gewesen sei – entweder aus Versehen oder als Vergeltung für eine große Sünde –, den manche als Vertreter des Heidentums bezeichnen. Dies wurde als der *Dolorous Blow* (»verhängnisvoller Schlag«) bekannt und führte zu einer unheilbaren Wunde, die nur durch den erfolgreichen Gralsritter geheilt werden konnte. Außerdem wurde dadurch das Königreich der Gralsfamilie in eine Ödnis verwandelt, in der die schrecklichsten Abenteuer und Prüfungen der Gralssuche stattfanden. Auch dieses wüste Land würde wieder grün und blühend, wenn der Gralsritter erschien und die rituelle Frage stellte, die dann eine Kette von Ereignissen in Gang setzen würde: die Heilung des Königs, das Ergrünen des öden Landes und etwas anderes, weniger Faßbares als diese beiden Dinge, das irgendwie die gesamte Welt verwandeln würde.

Dieses »Etwas« hat seitdem die Gemüter zahlloser Suchender unausgesetzt beschäftigt. Denn im Gral sieht man das Mittel, alles zu heilen, was an der Schöpfung nicht gut ist. Durch sein Auffinden und durch die Erfahrung jener, die seine innersten Geheimnisse ergründen, wird eine Energie aus selbstloser Liebe und Dienstbereitschaft freigesetzt, die die Welt insgesamt für alle Zeiten ändern könnte – und vielleicht sogar das Ende der Zeit herbeibringen würde: das Aufrollen der großen kosmischen Karte, auf der die Geschichte der Menschheit aufgezeichnet ist.

Das heilige Blut

Das wichtigste Element, das der Gralsgeschichte hinzugefügt wurde, war die Verbindung mit der christlichen Eucharistie. Dies hat praktisch alle nachfolgenden Versionen geprägt und beeinflußt. Der Gral wurde dadurch zum äußeren Symbol für Christi Dienst an der Menschheit, für sein Opfer, das Gott und die Menschen in engere Verbindung brachte als jemals zuvor. Wie man es auch betrachtet, es ist das einzigartige Element der Eucharistie, die direkte Kommunion mit der Gottheit, das den Gral von allen anderen geheiligten oder angebeteten Objekten unterscheidet. Vom Zeitpunkt seines Erscheinens aus kann man in der Zeit nach vorn oder zurück blicken, ohne diese essentielle Tatsache aus den Augen zu verlieren: Der Gral, den die Ritter der Tafelrunde und später Männer und Frauen aus allen Lebensbereichen und allen Zeitaltern suchten, enthielt einst das heilige Blut des Neuen Bundes, das Joseph von Arimathäa auffing, als er half, den Leichnam Christi nach der Kreuzabnahme zu waschen.

Diese Tatsache läßt sich nicht umgehen, egal, wie man den Gral auch deutet oder neu interpretiert. Er kann für alle Menschen alles sein und ist es oftmals auch schon gewesen. Es ist ein veränderbares Bild, das man so oder so sehen kann, das sich aber doch niemals verändert.

Das bedeutet aber nicht, daß man Anhänger des christlichen Glaubens sein muß – genauso wenig wie man ein Heide zu sein braucht. Der Gral *ist* einfach, unabhängig davon, was wir glauben oder nicht. Genau dies macht ihn zu einem absolut universalen Symbol, das allen möglichen Deutungen zugänglich ist. Er hat etwas essentiell Geheimnisvolles an sich. Er hat mit Opfer zu tun, mit Dienen und der Suche nach dem Absoluten, ob man dieses nun Gott, Göttin oder göttlichen Funken nennt oder mit einem noch abstrakteren Begriff bezeichnet.

Es bleibt die Tatsache, daß zweifelsohne Ähnlichkeiten zwischen den keltisch-heidnischen Gerätschaften und dem christlichen Kelch bestehen. Diese sind eindeutig nicht zufällig. Man könnte jedoch annehmen, daß Dichter und Verfasser von Romanzen, wie Chrétien de Troyes und Robert de Boron, ebenso wie alle anderen, die ihnen folgten, wußten, was sie taten. Sie waren sich möglicherweise nicht sicher über den Ursprung von vielem, was sie schrieben, aber es ist ebenso möglich, daß sie genau wußten, woher alles kam. Sie waren jedoch vor allem schöpferisch tätige Menschen und wirkten nicht unter einer übernatürlichen Führung; in vielen Fällen waren sie nicht einmal sonderlich fromm.

Daß sie aber überzeugte Christen waren, steht wohl gleichzeitig außer Frage, denn das waren die meisten Menschen im Mittelalter. Ihnen muß klar gewesen sein, daß der Gral etwas Unkirchliches an sich hatte, auch wenn er ins Herz des christlichen Mysteriums traf.

Die Wahrheit ist, daß das Bild des Grals sich in den hundert Jahren zwischen dem Beginn und dem Ende des zwölften Jahrhunderts, in dem die größten Texte darüber verfaßt wurden, ständig leicht und subtil veränderte. Chrétiens Gral ist enigmatisch und verschwommen, seine Nachfolger, die neue Anwendungsmöglichkeiten untersuchten, fügten dem etwas hinzu. Robert de Boron verfolgte ihn durch Zeit und Raum hindurch zurück nach Palästina und fügte die Dimensionen von Joseph von Arimathäa, dem heiligen Blut und dem Transport des Kelches nach Britannien hinzu. Der »Vulgate-Zyklus«[71], den zisterziensische Mönche vermutlich auf Anregung des großen Theologen Bernard von Clairvaux verfaßten, verstärkte die religiösen Aspekte weiter durch die Einführung mehrerer wandernder Einsiedler, die die Träume und Visionen der Gralsritter deuteten und die Erkenntnisse vertieften, die darin enthalten waren. Andere, bekannte und unbekannte Autoren, erweiterten dieses Muster, bis es all das umfaßte, was wir heute als Bestandteil der Gralsmythologie kennen.

Das zwölfte Jahrhundert war vielleicht deshalb in der Geschichte des Grals eine so fruchtbare Epoche, weil es als Zeitalter vergleichsweise frei von Doktrinen war. Man konnte zwar keinesfalls glauben, was man wollte, aber die Menschen wurden nicht so bedroht wie in späteren Epochen. Um 1200 waren es immerhin noch dreißig Jahre bis zur Einrichtung der Inquisition, und weitere fünfzig Jahre, bis die Verwendung von Folter bei Verdacht auf Ketzerei von der Kirche sanktioniert wurde.

Als man den Glauben an sogenannte »neue Ideen« erst einmal als Ketzerei erklärt hatte, ging den anschließend geschriebenen Gralsromanzen ein Teil der eindringlichen und originellen Bilder verloren. Ohne das Werk eines unbekannten Zisterziensers, der die meisten, wenn nicht sogar alle Teile des »Vulgate-Zyklus« verfaßte, in denen es um den Gral geht, wäre der Mythos vielleicht verkümmert und untergegangen. Doch mit der Schöpfung einer neuen Gestalt (oder zumindest ihrer Entwicklung weit über die Ursprungsidee hinaus) veränderte sich die Richtung der Gralslegenden insgesamt. Galahad, der vollkommene Ritter, Sohn von Lanzelot und der Gralsprinzessin, hatte nur ein einziges

Ziel: die Gralsburg zu finden und das wüste Land zu heilen.

Der vollkommene Ritter

Das Auftauchen Galahads in der Artus-Tradition ist ein kleines Wunder, eines, das Charles Williams, der größte moderne Deuter der Gralsmythen, als eines der bedeutsamsten literarischen Ereignisse aller Zeiten bezeichnete. Der unbekannte Verfasser des dritten Teils des »Vulgate-Zyklus«[66] erkennt die Notwendigkeit eines neuen Elements, um die Geschichten zu einem kohärenten Ganzen zusammenzufassen, und hat die Idee, eine christusähnliche Gestalt einzuführen, die die Legenden gewissermaßen von ihren heidnischen Ursprüngen »erlöst«. So wurde Galahad geboren, der sündenlose, makellose Ritter, den wir am besten aus Tennysons Gedicht aus dem neunzehnten Jahrhundert kennen, in dem er erklärt: »Meine Kraft ist die von zehn, denn mein Herz ist rein.«

Diese Bemerkung scheint in der Tat den Charakter Galahads auf einen Nenner zu bringen. Sein Name hat biblische Anklänge; er bedeutet wörtlich übersetzt: »Ein Berg an Beweisen«, und man nimmt an, daß sich dies auf die »angehäuften Hinweise der Propheten auf Christus als Messias«[42] bezieht oder, wie man es vielleicht anders ausdrücken könnte, auf einen zentralen Punkt im Erbe dieser Tradition. Seine Ankunft an Artus' Hof hat jedenfalls in vielen Einzelheiten Anklänge an das Neue Testament:

> Unterdessen kam ein frommer alter Mann herein, ganz in Weiß gekleidet, und keiner der Ritter wußte, woher er gekommen war. Er brachte einen jungen Ritter mit, der trug eine rote Rüstung, war aber ohne Schwert und Schild, nur eine leere Scheide hing an

seiner Seite. Beide waren sie zu Fuß. Und er sprach:
»Friede sei mit euch, ihr edlen Herren...«

Malory, Buch XIII, Kap. 3

Alle Plätze in der Tafelrunde waren bei dieser Gelegenheit besetzt, denn es war der 454. Jahrestag des ersten Pfingstfestes, mit Ausnahme des Gefährlichen Sitzes (*Siege Perilous*), der seit der Gründung der Tafelrunde stets verschleiert und unbesetzt geblieben war. Nun wird er von der Verhüllung befreit, und es steht in goldenen Lettern der Name Galahad darauf. Der junge Ritter in der roten Rüstung nimmt dort Platz, und nun beginnt ernsthaft das Mysterium des Grals: das größte Abenteuer, das die Ritter der Tafelrunde jemals unternahmen. Viele sollten dabei versagen, auch der große Lanzelot. Aber Galahad ist sein Sohn, dessen Geburt durch ungewöhnliche Umstände in die Wege geleitet worden war, als der größte Held in Artus' Reich mit der Gralsprinzessin den perfekten Ritter zeugte, in dem Glauben, sie sei Guinevere.

Das an sich ist schon ein profundes Mysterium. Guinevere ist ein Aspekt der Großen Göttin, die Blütenjungfrau, die über das frühlingshafte Wiedererwachen des Landes herrscht. Sie ist aber auch die trauernde Königin, die verwundete Herrin, die die Bürde aller bösen Taten trägt, die aus Unkenntnis der Liebe in Artus' Reich begangen werden. Er wiederum ist der verwundete König, die Personifizierung des Landes, über das er regiert – Logres, das mystische Reich innerhalb der geographischen Grenzen Britanniens.

Man könnte hier die Glieder in einer kausalen Kette von Ereignissen erkennen, die letztendlich Artus' Traum zum Scheitern bringen. Galahad hätte der rechtmäßige Sohn von Artus und Guinevere sein sollen, von König und Königin, von Herr und Herrin. Aber Artus zeugt statt dessen Mordred mit seiner Halbschwester Morgause, und Lanzelot ist der Liebhaber der Königin. Aus diesem verstrickten Netz aus Verrat und Betrug entsteht also die Erlösergestalt Galahads, dem es durch die Gnade des Lichts gestattet wird, das Mysterium des Grals zu erkennen – aber nicht die letztendliche Transformation zu vollbringen, durch die Logres zum Paradies auf Erden geworden wäre. Statt dessen wird ihm nur vergönnt, einen Blick in den Gral zu werfen, worauf er in einer Ekstase der Sehnsucht nach der Vereinigung mit dem Absoluten den Geist aufgibt. Es bleibt Parzival überlassen, dem reinen Toren, später die Gralssuche fortzusetzen, und Bors, dem ganz gewöhnlichen Mann und dem dritten der erfolgreichen Ritter, mit der Kunde über die großen Ereignisse zurückzukehren, die er miterlebte.

Malorys Bericht, der auf der großen »Vulgate«-Gralssuche basiert[42], ist eine phantastische Abfolge beeindruckender Bilder: Die Ritter, die von Camelot aus voller Begeisterung zur Gralssuche aufbrechen, ihre zahlreichen und ungewöhnlichen Abenteuer, die drei erfolgreichen Ritter, die auf dem magischen Schiff Salomons segeln und durch die Zeiten reisen, um den Gral nach Sarras zu bringen, der heiligen Stadt des Ostens, das Scheitern Lanzelots, Gawains und vieler anderer, das traurige Schicksal von Parzivals jungfräulicher Schwester, die ihr Lebensblut für eine kranke Frau hingibt und deren Leichnam in die heilige Stadt gebracht wird, wo sie zusammen mit Galahad beigesetzt wird, die Rückkehr von Parzival in die leere Gralsburg, mit der das Mysterium aufs neue beginnen kann – all dies und noch mehr bewegt sich wie ein Traum im Bewußtsein all derer, die sich auf diese Suche begeben.

Denn alle, die sich heutzutage auf die Suche nach dem Gral machen, folgen, ob bewußt oder nicht, den arturischen Rittern, die den Weg bahnten und unverzagt und mit offenem Herzen die Bedeutung dieses großen Geheimnisses suchten. Sie machten sich auf, ohne die Gefahren zu ahnen, die auf sie warteten, und selbst als sie die Kunde vom Scheitern eines nach dem anderen erreichte, setzten sie die Suche ungebrochen fort, suchten neue Wege und setzten frische Wegweiser für alle, die ihnen folgen mochten.

Dabei sind sie mehr als bloße Protagonisten in einem literarischen Zyklus aus Geschichten. Sie verkörperten eine Reihe primärer Archetypen, die vielleicht nie wieder in einer solchen Vielfalt zusammengestellt wurden. Sie repräsentieren das gesamte Spektrum menschlicher Erfahrung, von Hoffnung, Scheitern und letztendlichem Erfolg.

Jeder, der sich heutzutage auf die Gralssuche macht, tut gut daran, ihre Worte und Taten, ihre Erfolge und ihr Scheitern so gründlich wie möglich zu studieren. Denn hier finden sich viele weise Lehren, durch tausend verschiedene Wege und Vorurteile gefiltert und zu einem großen See der Erkenntnis zusammengeflossen, der auf jene wartet, die den Mut haben, sich hineinzustürzen. Wer dies versucht, kann viele wundersame Dinge erleben – nicht zuletzt ein beginnendes Verständnis für das Mysterium hinter der Artus-Tradition als ganzem, das bis zu diesem Punkt immer nur teilweise erkannt werden kann.

Wieder einmal ist es die allgemeine Anwendbarkeit der Bilder, die dem Gral eine derart universelle Relevanz verleiht. Es ist nicht nötig, daß die heutigen Gralssucher einem bestimmten Glauben oder Kult angehören – wichtig ist nur, daß sie das Wohl aller suchen und die Ödlande heilen wollen. Das sind klar erkennbare und wünschenswerte Ziele, in welchen Begriffen wir sie auch ausdrücken wollen. Allein schon das Streben danach bewirkt Veränderungen in jenen, die sich darum bemühen. Indem wir dienen, ist uns gedient. Wir wachsen. Der Gral umschließt uns mit seinem Licht, und es findet ein Austausch statt zwischen ihm und uns. Indem wir an seiner heilenden und erlösenden Wirkung teilhaben, wird uns selbst sein Segen zuteil.

Das ist das große Geheimnis des Grals – das eigentlich gar kein Geheimnis ist – ein weiteres Paradox seiner unendlich paradoxen Natur. Er ist überall und nirgends, wird von vielen gesucht und nur von wenigen gefunden. Er ist mehrfach verschwunden, und doch bleibt er immerdar. Er kann heilen und zerstören. Er ist Gott und doch nicht Gott. Er ist ein Behältnis, das viel weniger wert ist als sein Inhalt. In seiner Geschichte scheint es keinen erkennbaren Anfang, keine sichere Mitte und kein vorhersehbares Ende zu geben.

Der Gral stellt daher das umfassendste Rätsel in der gesamten Artus-Tradition dar. An anderer Stelle wird eingehender darauf eingegangen[57] – hier können wir nur einige seiner Geheimnisse andeuten. Diese zu entdecken bleibt den zeitgenössischen Suchenden überlassen, die ihm auf den tiefen Wegen des Herzens in die Reiche von Staunen und Hoffnung folgen. Dort begegnen ihnen diejenigen, die den Weg vor ihnen gegangen sind und deren liebevoller Dienst sie dazu brachte, als Zieheltern für diejenigen da zu sein, die ihnen auf der Suche nach der Weisheit des Grals folgen. Es gibt kein Ende. Der Gral ist so ewig wie die Suche selbst. Er bietet Vollständigkeit inmitten von Fragmentierung. Er verbindet alle, die zu seiner Familie und seiner Gemeinschaft gehören. Er ist ein Tor zwischen den Welten und eine Brücke zum Göttlichen.

Übung 6: Die Gralskapelle

Keine Suche ist jemals leicht, noch sollte sie leichtfertig unternommen werden. Was ihr Ziel auch ist, welche hochgesteckten Ideale einen auch auf den Weg bringen, es gibt immer Momente des Zweifels, der Unsicherheit, der Widerstände und des Aufgebenwollens. Die folgende Übung soll den Suchenden befähigen, solche Momente so gut wie möglich zu bewältigen – aber man muß dabei auch im Auge behalten, daß letztendlich der Erfolg oder das Scheitern ebenso sehr mit dem inneren Zustand des Suchenden zu tun haben wie mit den äußeren Umständen. Es gibt viele Wege ins Land des Grals, und dies kann ein solcher Weg sein – wenngleich kein einfacher.

Schließe die Augen und lasse dich tief in die Meditation versinken, die dich in einen Wald mit hohen alten Bäumen führt. Das Sonnenlicht eines Sommertages dringt durch die Blätter und malt Muster auf den Waldboden. Du gehst auf einem breiten, ausgetretenen Weg, der auf eine Lichtung führt. In der Mitte steht eine kleine steinerne Kapelle, die verlassen wirkt. Die Luft ist ganz still, nur das Summen der Bienen und ein gelegentlicher gedämpfter Vogelruf durchbrechen das Schweigen.

Du bleibst eine Weile vor dem Eingang zur Kapelle stehen, bis du bereit bist, einzutreten. Dann schiebst du die grobe Holztür auf und gehst hinein ... Im Innern ist es kühl und dämmrig, und es wirkt, als sei alles seit langem verlassen. Aber der Boden ist sauber gefegt, und auf dem Altar stehen Blumen. Du fühlst dich vielleicht bewegt, niederzuknien, oder du bleibst einfach mit gebeugtem Kopf vor dem Altar stehen, und dann tauchen in dir vielleicht Erkenntnisse über die Gründe deiner Gralssuche auf. Wie diese auch sein mögen, ob gut oder schlecht, du mußt dich ihnen nun stellen, wenn du fortfahren willst ...

Die Zeit vergeht. Du bist dir nicht sicher, wie lange du schon dort in der leeren Kapelle gestanden hast. Plötzlich nimmst du eine Wärme um dich her wahr und stellst fest, daß die Sonne so weit gewandert ist, daß ihre Strahlen nun durch ein schmales Fenster hinter dem Altar fallen und die Stelle bescheinen, auf der du stehst. Aber dieses Licht scheint mehr zu sein als nur das Tageslicht der Sonne – es dringt tief in dich hinein und wärmt nicht nur deinen Körper, sondern auch deinen Geist. Du fühlst dich in Licht gebadet.

Langsam, während du dich in diesem strahlenden Licht sonnst, wird dir etwas auf dem Altar bewußt, das zuvor nicht dort gestanden hatte. Es ist ein schlichter Becher, aber ihm entströmt eine solche Energie und Schönheit, daß du sofort weißt, es ist der Gral. Während du noch ehrfürchtig dort stehst, verdunkelt eine Wolke die Sonne, und in der Kapelle ist es plötzlich kalt und dunkel. In diesem Dämmerlicht siehst du etwas Seltsames und Schreckliches: Ein großer, dunkler Arm und eine Hand schieben sich durch die Mauer und greifen nach dem Kelch. Du bist völlig machtlos und kannst dich nicht bewegen, so sehr du das auch wünschen magst, aber du kannst das Licht herbeirufen, indem du deine Liebe bekräftigst und deinen Wunsch, alle Wunden und Verletzungen zu heilen. Sprich diese Bestätigung jetzt aus ...

Die Wolke zieht sich von dem Antlitz der Sonne zurück, und das Licht kehrt zurück. Sobald es erneut ins Herz der Kapelle fällt, entzündet sich der Becher in entsprechender Pracht, und die nach ihm greifende Hand löst sich in dunklen Rauch auf. Wieder ist die Gralskapelle ein stiller, friedlicher Ort, und nun siehst du etwas, das zuvor verborgen war – eine kleine Tür hinter dem Altar. Sie steht leicht offen, und durch den Spalt erkennst du einen Garten voller Blumen. Von irgendwoher in der Ferne hörst du Musik, die dich zu rufen scheint ...

Du kannst diesem Ruf folgen, wenn du möchtest. Er wird dich ins Land des Grals führen, wo du umherwandeln und eine zeitlose Zeit verweilen kannst, bis du zur Rückkehr bereit bist. Du brauchst dich nur wieder in dem Wald zu sehen, von hohen Bäumen umgeben, mit dem

Sonnenlicht, das in verwirrenden Mustern durch das Laub bricht ...

Erwache von deiner Reise und wisse, daß du deinen Weg an den Gralsort gefunden hast, und daß dir dieser Weg stets offensteht, wenn du es willst. Und wenn du dich entschieden haben solltest, diesem Weg diesmal nicht zu folgen, dann kannst du es ein andermal versuchen, indem du die Kapelle besuchst und durch die kleine Tür trittst, die nun nicht länger verborgen ist.

7. Avalon und die Feenreiche: Wege in die Anderswelt

Und ich werde gen Avalun ziehen, zur schönsten aller Jungfrauen, zu Argante der Königin, einer höchst wunderschönen Fee, und sie wird alle meine Wunden heilen und mich mit heilenden Tränken gesund machen. Anschließend werde ich zurück in mein Reich kehren und mit großer Freude unter den Britannen weilen.

Layamon, Brut

Der Traum von der Anderswelt

Es ist praktisch unmöglich, die Traditionen um Artus und den Gral zu erkunden, ohne irgendeinem Aspekt der Anderswelt zu begegnen. Die Ritter wandern auf ihren Abenteuern ständig aus dem Reich der Menschen in die Feenwelt oder begegnen den Bewohnern der Hohlen Hügel, die ab und an mit der Absicht auftauchen, alle, denen sie begegnen, auf die Probe zu stellen. Warum sie dies tun sollten, konnte bisher nicht schlüssig beantwortet werden. Teilweise scheint der Grund einfach zu sein, um den Menschen einen Streich zu spielen, aber auf einer tieferen Ebene scheint es, als ob die Bewohner der Anderswelt aktiv, wenn auch scheu und zurückhaltend, die Gesellschaft der Menschen suchen würden – auch wenn sie wenig bereit sind, die Geheimnisse der inneren Reiche zu verraten oder den Sterblichen irgendwelche Macht zu verleihen.

Tor zur Anderswelt

In einer der zahllosen Geschichten um Gawain, der im Vergleich zu den anderen Rittern eine besonders enge Beziehung zur Anderswelt hat, begegnet dieser einer gefährlichen Gestalt namens Carl von Carlisle. Gawain begleitet ihn auf einer Reise, die sie sogleich in die Hohlen Hügel führt, wo sie durch eine Welt reisen, die ebenso wirklich scheint wie diejenige, die sie hinter sich gelassen haben, außer daß die sich dort ereignenden Abenteuer selbst für einen Ritter der Göttin etwas seltsam anmuten.[58]

In einem anderen Text, *Sone of Nausay*[43], reist der Held, der als eine echte historische Persönlichkeit, vermutlich aus dem Elsaß, beschrieben wird, mit dem König von Norwegen durch ein Land voller seltsamer Wesen zu einer Insel, wo sie den vollkommen erhaltenen Leichnam von Joseph von Arimathäa und den Gral selbst finden. Die Landschaft ist eindeutig anderweltlich, und die Insel, die *Galoche* genannt wird (vermutlich eine Verballhornung des französischen Wortes für Wales), ist eine von vielen solcher andersweltlicher Orte, die sich in den arturischen und keltischen Traditionen immer wieder finden lassen.

Auch Merlin hatte seine Inselzuflucht, die manchmal auf Bardsey vor der walisischen Küste um Anglesey gesehen wird. Hier soll er sein Observatorium gehabt und die Dreizehn Schätze Britanniens bewacht haben, zu denen unter anderem der unerschöpfliche Kessel gehörte, eine Sammlung von Zauberwaffen und ein großes Horn, das einst dem Gott Bran gehört hatte – der übrigens auch eine Insel besaß, auf der die Zeit stillstand und Essen und Trinken aus einer unsichtbaren Quelle bereitgestellt wurden.

Diese Orte stehen alle für den tiefen Wunsch nach einem Anderswo, nach einem Ort, an dem die Gesetze der natürlichen Welt außer Kraft gesetzt sind, wo alles möglich ist und selbst die Ärmsten reich werden und die Entrechteten ihren verlorenen Status in den Augen der Welt zurückerlangen können. Später wurde dieser Traum durch einen anderen ersetzt – durch den Himmel, den paradiesischen Ort, an dem den Guten eine Ewigkeit in Ruhe und Frieden versprochen wurde. Die keltische Anderswelt war insgesamt ein robusterer Ort, wo es in Hülle und Fülle die einfachsten Vergnügen gab – reichlich zu essen und zu trinken, schöne Frauen und große Kämpfe, bei denen sich niemand tödliche Wunden zuzog. Ein Ort vor allem repräsentierte diese Qualitäten mehr als jeder andere: Avalon.

Die Insel der Äpfel

Unter all den Hunderten von Namen für die keltische Anderswelt ist Avalon wohl derjenige, der am meisten Assoziationen wachruft. Avalon ist der Ort, den die Tradition als letzten Ruheplatz von Artus bezeichnet. Dort wartet er auf den Tag, an dem er zurückgerufen wird, um seinem Land zu Hilfe zu kommen und um erneut das Werk in Angriff zu nehmen, das nach dem Ende der Gralssuche und dem blutigen Gemetzel an den Rittern der Tafelrunde in der Schlacht von Camlan unvollendet geblieben war.

Viele haben zu ergründen versucht, wo dieser legendäre Ort liegt, und die Tradition hat ihn seit dem Mittelalter mit der Stadt Glastonbury in Somerset in Verbindung gebracht, die man »diese heiligste Erde« genannt hat. Hierher soll Joseph von Arimathäa mit dem kostbaren Gral gekommen sein, um die erste christliche Gemeinde zu einer Zeit zu gründen, als man sich noch direkt an Christus erinnern konnte. Und hier sollen auch Heilige wie Patrick, Brigit und Columba eine Weile gelebt haben.

Es ist vielleicht unklug, einen tatsächlichen Ort für etwas so Elementares wie Avalon zu suchen, aber zu Zeiten der keltischen Kriegsherren, als Somerset noch »das Sommerland« hieß und mehr als nur zur Hälfte in der Anderswelt lag, war Glastonbury (eine sächsische Bezeichnung) unter einem anderen Namen bekannt, als *Yniswitrin*, das man als »die Insel aus Glas« übersetzt hat, regiert von Avalach, der auch als *Rex Avalonis*, König von Avalon, bezeichnet wird, der Vater von Morgan. Diese wird in einem anderen Manuskript als »königliche Jungfrau von Avalon« bezeichnet – aber dieser Titel ist möglicherweise auch nur eine erbliche Bezeichnung ohne eine wörtliche Bedeutung.

Aus *Yniswitrin* wurde also Avalon, die Insel der Äpfel, ein Ort der Wunder und Mysterien, wo bekanntermaßen ein bedeutsames und geheimnisvolles Objekt aufbewahrt und bewacht wurde, vielleicht von einem Orden von Priesterinnen unter der Leitung von Morgan – die anderswo als Schwester von Artus und Dienerin der Göttin bekannt war.

So wurde innerhalb der arturischen Tradition eine innere Landschaft aufgezeichnet, Logres, das mythische Herz Britanniens, mit seinen königlichen Burgen in Camelot, Caerleon und Carlisle, seinen großen Wäldern, in denen die Ritter der Tafelrunde auf der Suche nach Abenteuern umherwanderten, mit seinen magischen Quellen und Brunnen, die von andersweltlichen Jungfrauen von unvergleichlicher Schönheit bewacht wurden. Und in der Mitte lag irgendwo Avalon, die magische Insel, die eine Eintrittspforte ins Feenreich bildete, zum Volk der *Sidhe*, die ihre Vertreter in die Länder der Menschen aussandten, um sie auf die Probe zu stellen – und um sie manchmal in die tiefsten Tiefen der Erde zu führen, wo immer noch die alten Götter weilen, wie seit Anbeginn der Zeiten.

Das Artusreich stand immer auf der Schwelle zum Feenreich. Als Artus mit seinem Schiff *Pridwen* und seinem Trupp wundersam begabter Ritter aufbrach, segelten sie zu einer Insel, auf der der Kessel der Wiedergeburt aufbewahrt wurde, bewacht von neun Musen und den Kriegern der Anderswelt. Das ist nicht so sehr weit entfernt von einer anderen Insel, die von Morgan und deren Schwestern bewacht wurde und auf der man ein Gefäß aufbewahrte, das allen Heilung und Hilfe spendete, die diese dringend benötigten.

Aber Avalon war mehr noch als nur das. Es war ein Ort, an dem die Ewigkeit die Erde berührte, wo alles geschehen konnte – und geschah. Es war gleichzeitig das Tor zwischen den Welten und Heimat der tiefsten Mysterien Britanniens. Es war eine der »Inseln der Seligen«, ein Ort mit Apfelbäumen und duftenden Blüten. Malory nennt es »das Tal von Avilion«, und Geoffrey von Monmouth beschreibt es in allen Einzelheiten:

> Die Insel der Äpfel ... hat ihren Namen wegen der Tatsache, daß sie alle Dinge ganz von allein erzeugt: Die Felder brauchen weder den Pflug des Bauern noch jegliche Pflege außer dem, was die Natur hergibt. Von ganz allein produzieren sie Korn und Trauben, und in den Gärten wachsen Apfelbäume auf dem kurzgeschorenen Rasen. Der Boden erzeugt von allein alles mögliche statt bloß Gras, und die Menschen leben dort hundert Jahre und länger. Neun Schwestern herrschen dort mit angenehmen Gesetzen über jene, die von unserem Land zu ihnen kommen ... Dorthin brachten wir nach der Schlacht von Camlan den verwundeten Artus ... Morgan empfing uns mit angemessenen Ehren und legte den König in ihrer eigenen Schlafkammer auf ihr goldenes Bett. Mit ihren eigenen Händen säuberte sie seine ehrenhafte Wunde und ... sagte schließlich, er könne wieder gesund werden, wenn er lange bei ihr bliebe und sie ihre Heilkünste anwenden ließe ...
>
> *(nach der engl. Übers. von J. J. Parry)*

Dieses Avalon ist ein Ort der Heilung, ein Reich des Friedens, wo selbst zwischen Morgan und Artus keine Feindschaft mehr besteht. Hierher gehört auch Nimue, die Jungfrau vom See, die Merlin bezauberte und ihn schließlich in der Höhle unter einem großen Felsen einsperrte. Die Königinnen von Norgales und dem Ödland sollen ebenfalls hierherkommen und verbinden so die Anderswelt mit dem Gralsreich.

Ein anderer Text, *Gesta Regum Britanniae*[63], der Geoffreys Werk tatsächlich ein paar Jahrzehnte vorausgeht, beschreibt Avalon in Begriffen, die es noch eindeutiger mit dem Feenreich in Verbindung bringen:

> Diese wundersame Insel ist vom Meer umgeben; es mangelt einem dort an nichts. Kein Dieb, Räuber

oder Feind lauert einem dort auf. Es fällt kein
Schnee, weder Sommer noch Winter herrschen ungebrochen,
sondern es regiert ständiger Frieden,
Harmonie und die sanfte Wärme eines ewigen Frühlings.
Es fehlt an keiner Blume, weder Lilien, Rosen
oder Veilchen; die Apfelbäume tragen Blüten und
Früchte zusammen an einem Ast. Jünglinge und
Jungfrauen leben zusammen an diesem Ort ohne
Fehl oder Scham. Alter ist unbekannt; es gibt weder
Krankheiten noch Leiden, alles ist voller Freuden.
Niemand behält etwas selbstsüchtig für sich; hier
wird alles geteilt.[51]

In anderen Kulturen hätte man dies ein Paradies auf Erden
genannt; für die Kelten war es die Anderswelt, ein
Ort, der ebenso schlicht und real war, wie man ihn in den
menschlichen Reichen finden konnte. Wir staunen vielleicht
über einen Ort, an dem es weder Krankheiten noch
Leid, Alter oder Elend gibt, wo Männer und Frauen in
Frieden und Harmonie zusammen leben, wo alles aus der
Güte und Fülle der Erde zur Verfügung steht. Für diejenigen,
die dazu beitrugen, die Artus-Tradition zu erschaffen,
so wie wir sie kennen, lagen solche Orte einfach hinter
dem nächsten Berg oder Baum.

> Ich ging von einem zum andern Augenblick
> in ein wundersames Land, wo ich schon gewesen war,
> gelangte zu einem Hügel mit zwanzig Armeen
> und fand dort Labraid mit dem langen Haar.
>
> Dort saß er auf dem Cairn so hoch
> mit vielen Waffen ringsumher,
> auf dem Haupt das schöne helle Haar
> und einen goldenen Apfel gar.
> Lang war es seit meinem letzten Besuch,
> doch er erkannte mich an meinem Scharlachtuch
> und fragte: Willst du mit mir eilen
> ins Haus, wo die Feen weilen?

Bei der Tür gen Westen,
auf der Seite der sinkenden Sonne,
steht eine Herde grauer Pferde mit scheckigen Mähnen
und eine andere ganz in dunklem Braun.
Bei der Tür gen Osten
stehen drei Bäume aus purpurnem Glas,
drauf singen Vögel viel süße Lieder
für die Kinder in der Königsburg.
Am Eingang steht ein Baum,
aus dessen Zweigen liebliche Musik ertönt.
Es ist ein Baum aus Silber, doch wenn die Sonne scheint,
dann glänzt er wie Gold.

Es gibt einen Kessel mit belebendem Wein
für alle, die wohnen in diesem Haus.
Er wird niemals leer, so ist es der Brauch,
daß immerdar voll er soll sein.
Es gibt eine Frau im schönen Palast,
keine in ganz Irland ihr gleicht.
Wenn sie wandelt, glänzt ihr Haar mit hellem Schein,
sie ist voll Schönheit und wundersam begabt.[10]

Dies scheint ein angemessener Ruheplatz für Artus, der genau so ein perfektes Reich auf Erden zu erschaffen versuchte und dabei von menschlichen Schwächen und Fehlern besiegt wurde, denen die Völker der Anderswelt nicht unterworfen sind.

Das wundersame Reich

Avalon entspricht also dem vollkommen ausgewogenen Seelenzustand, den man manchmal in der Meditation oder bei der Ausübung bestimmter religiöser Übungen erlangen kann. Es ist der Ort, nach dem sich jene sehnen, die auf der Suche nach dem Gral oder nach der Höhle des Herzens sind, oder wie Dion Fortune es ausdrückte: »Sir Lanzelot suchte das eine und Sir Galahad das andere, doch sie kamen beide nach Avalon.«[14] Es ist das Herz, aus dem alle arturischen Mysterien entstanden – und wohin alle diejenigen, die diese Mysterien zu erkennen und zu verstehen suchen, schließlich gelangen müssen.

Hier, an der Runden Tafel der Sterne, versammeln sich mächtige kosmische Wesen, die einer Tradition angehören, die nirgendwo aufgezeichnet ist, die aber Teil der inneren Geschichte des Landes war, lange bevor man von Artus als Kriegsherr oder König auch nur gehört hatte. Diese archetypischen Gestalten, auch als »Bewohner von Avalon« bekannt, senden einen Ruf aus, der im Laufe der Zeit von allen beantwortet wird, die sich dazu hingezogen fühlen, die Artus-Tradition zu erforschen. Die Kraft der inneren Reiche strahlt auf diese Weise vom Zentrum nach außen, bis sie durch die Welten hindurch ins Land der Menschen vordringt, wo sie auf ein kosmisches Ziel hinarbeitet, das in den Gralsmysterien und den Taten der Ritter der Tafelrunde angedeutet wird. Ein Wort, das in Avalon geflüstert wird, wird zum Trompetenschall in den Ohren jener, die das Gute in der Welt und die Höherentwicklung der Menschheit wünschen.

All dies macht die Artus-Tradition zu einem wundervollen Instrument für die Entwicklung einer inneren Realität, die fähig ist, Zeit und Raum zu transzendieren. Sie schenkt einen inneren Kern an Sinn und Bedeutung, von dem aus man unsere Welt und ihre Bewohner wiederherstellen kann, bis sie wieder am Sternenfirmament des Himmels aufglänzt wie in alten Zeiten.

Aber das kann nur geschehen, wenn wir es wollen. Wenn unsere Sehnsucht nach dem Guten und nach Heilung des verwundeten Landes und der verwundeten Herzen der Menschen stark genug ist, um die Dunkelheit zu durchdringen, die so viel der Welt heute verhüllt. Der Glaube daran und die Ausübung der spirituellen Disziplinen, wie sie in den Gralsmysterien, in der Höhle des

Herzens und in den Taten der Ritter der Tafelrunde im Land der Abenteuer gelehrt werden, können große und dauerhafte Veränderungen in der Welt herbeiführen – und vielleicht allmählich die ungeheure Aufgabe vollenden, das Ödland zum Ergrünen zu bringen, den verwundeten König zu heilen und Logres innerhalb Britanniens und in den Köpfen und Herzen seiner Menschen neu zu errichten.

Die Mythen um Artus und die Tafelrunde verkörpern diesen Traum in ihren Geschichten von Tapferkeit und Rittertum, von Suche und Erfolg. Die große Keltenforscherin Jean Markale drückte es so aus:

> ... viele der epischen Geschichten über Kriege in den britischen und irischen Traditionen beziehen sich auf symbolische Konflikte. Das Symbol nimmt verschiedene Formen an. Wir finden den Kampf von Bruder gegen Bruder, Held gegen Held, von Göttern gegen die Menschen und Göttern gegen die Elfenvölker. Es gibt Expeditionen in die Anderswelt, die vielleicht gerade hinter der nächsten Wegbiegung oder weit hinter dem Wasser liegt, und abenteuerliche Suchen nach geheimnisvollen Objekten, die der Held finden muß, um seine Kraft oder seine Ehre zu bewahren. Aber alle stehen für einen gemeinsamen Versuch, die Widersprüche innerhalb des gesellschaftlichen Lebens und das daraus entstehende Gefühl der Entfremdung des Menschen in größter Vielfalt zu lösen ... Die keltischen Epen porträtieren die großen inneren Kämpfe des Menschen und seine Konflikte mit seiner Umwelt in der Form tatsächlicher Kämpfe gegen feindliche Kräfte.[49]

Dieser Kampf bildet den Urgrund für die Artus-Tradition. Wenn wir ihre archetypischen Geschichten erforschen, erkennen wir vielleicht Möglichkeiten, wie wir die Probleme unserer eigenen Zeit lösen können.

Übung 7: Die Insel der Träume

Das Feenreich liegt hinter jeder Biegung des Weges, gerade eben außer Sichtweite. Wir können den Weg dorthin durch viele verschiedene Türen finden: durch Traumarbeit, durch Meditation oder indem wir die alten Stätten besuchen, wo der Schleier zwischen den Welten dünner ist als anderswo. Wenn wir dort anlangen, müssen wir stets daran denken, daß dies für Sterbliche ein gefährlicher Ort ist, denn manche sind schon hinübergewandert, um niemals zurückzukehren. Manchmal verbringt man auch scheinbar kurze Zeit dort, um später festzustellen, daß in der oberen Welt Jahrhunderte vergangen sind. Daher sollten wir bestimmte Regeln beachten, wie sie uns aus alten Traditionen überliefert sind: keine Feenspeisen zu essen, nichts außer Wasser zu trinken und niemals entgegen dem Uhrzeigersinn gegen die Sonne zu laufen. Außerdem sollten wir uns immer an die Gesetze der Anderswelt halten, wie sie uns dort mitgeteilt werden. Unter diesen Voraussetzungen können wir jederzeit nach Belieben diese alten Reiche betreten und mit mehr zurückkehren als bloßem Feengold (das sich bei der Rückkehr in Staub verwandelt).

Du stehst am Rande des Landes, und eine riesige, graugrüne Wasserfläche erstreckt sich vor deinen Augen bis zum Horizont. Ein seltsames Schiff nähert sich über das Wasser dem Ufer. Es wird von Meermännern gerudert, die von silbernen Schuppen bedeckt sind, Schwimmhäute zwischen den Fingern und seltsame purpurfarbene Augen haben. Sie geben dir durch Zeichen zu verstehen, daß du ihr Boot besteigen sollst, und du folgst ihnen, ohne zu zögern, denn du bist sicher, daß sie dir nichts Böses wollen. Das Boot setzt sich sogleich in Bewegung, und bald kreuzt du rasch über den grenzenlosen Ozean.

Die Meermänner beginnen beim Rudern einen seltsamen, wortlosen Gesang, der sich mit den Rudern hebt und senkt.

Vor dir erkennst du, wie sich eine Insel aus dem Wasser erhebt. Die hohen Klippen sind mit Türmen und Mauern von unirdischer Erscheinung bestückt. Das Boot rudert dicht unter die Klippen, und du trittst an Land, auf einen Strand mit feinem Sand. Von dort führen Stufen in einem spiralförmigen Pfad um die Klippen herum stetig nach oben. Oben angekommen, blickst du ins Inselinnere und siehst eine Burg, die im fahlen Licht glänzt, und du gehst darauf zu, weil du weißt, daß dort dein Ziel ist.

Am Eingang der Burg bleibst du stehen und blickst staunend an den hohen, glatten Mauern empor. Sie sind mit phantastischen Bildern verziert, die weder gemalt noch gehauen sind, sondern Bestandteil des Steins selber zu sein scheinen. Dann öffnet sich das große Tor, und eine Gestalt kommt dir entgegen, um dich zu begrüßen. Es ist eine schöne, hochgewachsene Frau, die ein fließendes Gewand trägt, das so grün wie das Meer selbst schimmert. Ihr Gesicht wirkt zunächst eher kühl, aber ihre Augen scheinen voller Glanz, und sie begrüßt dich aufs herzlichste. Dann fordert sie dich auf, ihr Reich zu betreten, und nennt dir ihren Namen: Morgan, Tochter des Meeres.

Im Innern ist die Burg ebenso wundersam wie von außen. Die Mauern glänzen in einem durchscheinenden Licht, als bestünden sie aus Perlen. Überall sieht man phantastische Schnitzereien, die Szenen aus dem Leben des magischen Feenreiches darstellen, wie man sie in den verschiedenen Elementarreichen findet, wobei das Meer hier am stärksten vertreten ist. Du folgst der Dame von einem Raum zum anderen und gerätst immer mehr ins Staunen über alles, was du siehst. Hier ruhen Schätze jenseits all deiner wildesten Träume, und Objekte der Macht und der Magie, über die du bisher nur gelesen hast.

Schließlich gelangt ihr in einen Raum im Herzen der Burg – ein wunderschönes Zimmer mit Ruheliegen aus Bronze und Zedernholz entlang den Wänden. Hier bleibt Morgan stehen und bittet dich, dich auf einer dieser Liegen auszuruhen. Denn du befindest dich in der Kammer der Träume, wo du eine Weile liegen und die innersten Geheimnisse deines Herzens erkunden kannst. Hier wirst du Wahrträume haben, und die Bilder, die dir hier in den Sinn kommen, werden bei dir bleiben und ein Teil von dir werden, auch wenn du die Insel wieder verlassen hast.

Nimm dir Zeit und sieh dich selbst, wie du dich hinlegst und die inneren Augen schließt. Dann tauchen Bilder von den tiefsten Ebenen deines Bewußtseins auf, an die du dich später mühelos wieder erinnern wirst ...

Nachdem du so geträumt und Erkenntnisse gewonnen hast, wachst du erfrischt wieder auf. Ein schweigender Meermann steht bereits da, um dich wieder zu Lady Morgan zu führen, der du nun Fragen über alles stellen kannst, was du gesehen hast. Doch denke daran, daß sie ein großes und mächtiges Wesen ist und mit Respekt und Achtung behandelt werden muß. Sie kann und wird dir vieles erzählen, wenn sie will, auch das Geheimnis ihrer eigenen Rolle in der Geschichte von Artus, denn du bist dem König selbst schon begegnet und hast mit ihm geredet, wie auch mit Merlin, der oft hierher kam, ehe er sich an seinen eigenen Ort zurückzog. Denn dies ist nur eines der Gesichter Avalons, und wenn seine Herrscherin es erlaubt, kannst du es weiter erkunden, das Schiff an der gleichen Stelle wieder besteigen und ringsum die Insel an anderen Stellen betreten.

Wenn die Zeit reif scheint, solltest du dich von der Herrin von Avalon wieder verabschieden. Ein schweigender Meermann wird dich durch die Hallen und Gänge der Burg führen, wie du gekommen bist, bis du wieder auf der Klippe stehst und das Boot unter dir vor Anker siehst. Steige die Klippen hinab und geh an Bord.

Deine Heimreise wird kurz sein, und dann stehst du wieder an der Stelle deiner Abfahrt, und du kannst beginnen, in dein Alltagsbewußtsein zurückzukehren. Du wirst aber feststellen, daß du dich an alles, was du gesehen hast, in allen Einzelheiten erinnern kannst, besonders an den Traum, den du in der Kammer der Träume hattest.

Wenn du bereit bist, kannst du die Insel wieder besuchen und mehr über die Geheimnisse erfahren, die sie in ihrem geheimen Herzen birgt.

8. Das unendliche Lied:
Artus in der modernen Welt

> So begab sich Artus also nach Avalon und sagte zu seinem Volk, es solle auf ihn warten, denn er würde zurückkehren. Und die Briten gingen zurück nach Carduel und warteten mehr als vierzig Jahre auf ihn, ehe sie einen neuen König ausriefen, denn sie glaubten immer noch, daß er wiederkommen würde. Doch man weiß, daß manche ihn seitdem auf der Jagd im Wald gesehen haben, und sie hörten seine Hunde, und manche hofften eine lange Zeit, daß er zurückkehren würde.
>
> *Didot-Perceval*[70]

Ein wandelbares Bild

Von Anfang an war die Artus-Tradition ständigen, oft subtilen Veränderungen ausgesetzt. Das Heldenvorbild, das uns die frühesten Gestalten von Artus gaben, wich dem des ritterlichen Königs, der einen eleganten mittelalterlichen Hof beherrschte. Spätere Zeitalter stellten einen eher politischen Rahmen her, wobei sie angebliche Prophezeiungen, die Merlin zugeschrieben wurden, als Bestätigung für eigene Herrschaftsansprüche verwendeten.

Besonders die Tudors beriefen sich stark auf die Anwesenheit von Artus in ihrem Stammbaum, um ihren Anspruch auf den Thron zu bekräftigen. Henry VII. wurde bezeichnet als »das wilde Tier aus Nordwales, ein Mann von großem Ruf, der vom Blute Artus' abstammt ... Gewinner der großen Freude, die von Merlin prophezeit wurde.« Und Thomas Churchyard beschrieb Elizabeth I. 1587 in seinem Buch *The Worthiness of Wales* folgendermaßen:

> Sie sitzt auf einem Königsthron
> mit Szepter, Schwert und Krone
> und kommt von Artus Stamm und Linie.

Noch später, um 1610, schrieb der Dramatiker Ben Jonson ein Festspiel, *The Speeches at Prince Henry's Barriers*, in dem er James I. als einen Monarchen beschreibt, der »weise, mäßig, gerecht und stark ist und zu recht Artus' Platz beansprucht« – ohne Zweifel ein Hinweis auf das damals bekannte Epigramm, das erklärte:

> Charles James Steuart
> Claimes Arthurs seate.
>
> (Charles James Stuart
> beansprucht Arthurs Sitz.)

Am literarischen Himmel wurde Artus' Stern inzwischen ein wenig blasser. Spenser widmete den ersten Teil seines Epos *The Faery Queen* den Taten des jungen Prinzen Artus und bezieht sich dabei eindeutig auf Malory und frühere Quellen. Merlin taucht flüchtig in dem Roman *Don Quijote* von Miguel Cervantes auf. Milton dachte über ein arturisches Epos nach, änderte aber dann seine Meinung zugunsten der Geschichte von Adam und Eva. Der visionäre Dichter William Blake erwähnt Artus und Merlin in einigen seiner wichtigsten Werke.

Im neunzehnten Jahrhundert schließlich begann das Zeitalter der Romantik, und damit erlebten die Gestalten von Artus, Guinevere, Lanzelot und Tristan eine Renaissance. Der englische Hofdichter Alfred Tennyson schrieb

Artus segelt in die Anderswelt

eine umfangreiche Reihe von »Idyllen«, Gedichten, deren sonorer Rhythmus eine Ahnung von der ursprünglichen Kraft der Romanzen vermittelt – auch wenn Tennyson seinen Rittern viktorianische Werte gab und Artus fast schon in Gehrock und Zylinder kleidete!

Durch diese ganze Epoche hindurch beherrschten arturische Themen die Malerei, Dichtung und Musik. Die Präraffaeliten, zu denen Edward Burne-Jones und William Morris gehörten, schufen viele phantastische Gemälde zu Artus-Themen; Dichter, gute und auch minder gute, ergossen sich endlos darüber, und ihre Werke wurden weithin begierig verschlungen. Der Zauber und die Schönheit der Geschichten zogen das spröde viktorianische Zeitalter in ihren Bann, da sie immer wieder den tiefsten Kern der menschlichen Erfahrung berühren.

Ein Neuanfang

Mit dem Heraufziehen des zwanzigsten Jahrhunderts begannen Krieg und Vernichtung in einem Ausmaß, wie man es vorher niemals für möglich gehalten hätte. Eine neue Generation von Künstlern tauchte auf, unter denen sich viele wieder den Bildern und Geschichten der Artus-Tradition zuwandten.

Zu diesen gehörte auch der Dichter und Maler David Jones. Er malte eine Serie ungewöhnlicher Bilder zu Artus-Motiven – wie zum Beispiel die Gralsmesse in einer ausgebombten Kapelle mitten im neuen Ödland an der Westfront. In seinem großartigen Gedicht *In Parenthesis*[27] schildert er Soldaten im Ersten Weltkrieg, die Seite an Seite mit den Helden der Artussage kämpfen. In seinem darauffolgenden Werk, *The Anathemata*[26], gelingt es ihm, auf ungewöhnliche Weise Britannien aus seiner geologischen Vergangenheit zu halbmythischer Ewigkeit heraufzubeschwören, wobei er die Themen von Artus und dem Gral mit ungeheurer Kraft und Lebendigkeit mit einflicht.

Moderne Techniken der Archäologie und weitere Forschung an den raren, vereinzelten Dokumenten des sechsten und siebten Jahrhunderts enthüllten mehr und mehr von der Wirklichkeit hinter den frühesten Heldensagen. Das sogenannte dunkle Zeitalter war nicht mehr so undurchsichtig, und mit dem immer größeren Fundus an Hintergrundwissen ließen sich erneut Schriftsteller und Dichter von der Artus-Tradition inspirieren.

Von den vierziger Jahren an erschien eine ganze Reihe bemerkenswerter historischer Romane. Edward Frankland schrieb einen detaillierten und poetischen Bericht über den historischen Artus in seinem Buch *The Bear of Britain*[15]; dem folgten Werke wie *The Great Captains* von Henry Treece[85], der die Geschichte vom Standpunkt Mordreds aus beschrieb, *Porius* von John Cowper Powys[65] – eine weitschweifige Romanze, die den besten ihrer mittelalterlichen Vorbilder ebenbürtig, aber völlig zeitgenössisch geschrieben ist – und, vielleicht als bestes von allen, Rosemary Sutcliffs *The Sword at Sunset*[80], in dem wir einem völlig menschlichen Artus begegnen, umgeben von der Magie eines vergessenen Zeitalters, tragisch und edel, und immer noch nach dem idealen Reich von Malorys *Le Morte D'Arthur* und der Verfasser des »Vulgate-Zyklus« strebend.

T. H. White veröffentlichte eine Tetralogie unter dem Gesamttitel *The Once and Future King* (»Der König auf Camelot«)[89], wobei er sich des lateinischen Epigramms bediente (*Rex quodam rexque futurus*), das auf dem Grabstein eingehauen sein soll, unter dem Artus Gebeine niemals lagen. Er erzählt die Geschichte, wie Malory sie schilderte, aber mit gewissen bedeutsamen Veränderungen. Das erste Buch, »Das Schwert im Stein«, erzählt die Geschichte von Artus' Kindheit und Erziehung durch Merlin – oder Merlyn, wie White ihn nennt. Dieser recht komische alte Herr, der rückwärts lebt und deshalb die Zukunft sehen kann, die für ihn bereits geschehen ist, scheint ziemlich weit von dem Merlin früherer Zeiten entfernt. Aber sein Zauber ist dennoch kaum geringer. Artus lernt die Dinge, die er für die vor ihm liegende große Aufgabe braucht, indem er die Gestalt eines Vogels, eines wilden Tiers und eines Insekts annimmt, die ihm alle zeigen, wie albern und dumm die Menschen doch sind.

Aber nach diesem leichtherzigen Anfang wird es in den folgenden Bänden allmählich immer düsterer. »Die Königin von Luft und Dunkelheit« konzentriert sich auf die Gestalt von Morgause und die Kindheit ihrer Söhne Gawain, Gareth, Gaheris und Agravaine und kulminiert in der Geburt Mordreds, dessen Ankunft die Vernichtung der arturischen Welt einläutet. Das dritte Buch, »Der mißratene Ritter«, erzählt die Geschichte von Lanzelot und Guinevere mit einer Leidenschaft und einem psychologischen Realismus, wie sie selten vorher oder nachher erreicht wurden. »Die Kerze im Wind« schließlich berichtet vom Niedergang der Tafelrunde, dem Krieg gegen Lanzelot und dem verhängnisvollen Ende der Geschichte. Ein fünfter Band, den White bei seinem Tod unvollendet hinterließ, wurde später unter dem Titel *The Book of Merlyn* (»Das Buch Merlin«)[90] veröffentlicht. Darin wird berichtet, wie der alte Zauberer am Vorabend der Schlacht von Camlan in Artus' Zelt zurückkehrt und seinen Schützling eine weitere Reihe von Verwandlungen durchmachen läßt, die ihn auf einen Neuanfang nach seiner Zeit in Avalon vorbereiten sollen. Das Werk ist etwas beeinträchtigt von Whites bitterer Reaktion auf den bevorstehenden Krieg mit Deutschland, es enthält aber dennoch einige seiner besten Stellen und führt Artus durch die Dunkelheit, in der sein Traum endet, hindurch zu einer neuen Quelle des Lichts.

Auch die Dichter vernachlässigten die Artus-Tradition nicht. Ein anderer Hofdichter, John Masefield, schuf in *Midsummer Night*[50] eine Reihe beeindruckender Gedichte, in denen die heroischen und romantischen Elemente der alten Geschichte auf völlig neue Weise vermischt werden. Charles Williams, einer der Gruppe, die als die »Inklings« bekannt waren und zu denen auch J. R. R. Tolkien und C. S. Lewis gehörten, verfaßte die bisher wohl eindringlichste und magischste Gedichtreihe über den Gral und schuf damit eine ganz eigene Welt, die von dem negativen Reich des bösen P'o L'u bis zur großen Stadt des Grals, Sarras, reicht. Eine einfache Beschreibung kann die meisterhafte Qualität dieser Gedichte kaum wiedergeben, die in zwei Bänden erschienen: *Taliesin through Logres* und *The Region of the Summer Stars*[91]. Der folgende Auszug gibt nur einen kleinen Vorgeschmack, den man aber durch das Lesen des vollständigen Werks sowie der Sekundärliteratur von Gareth Knight[32] ergänzen sollte.

Hier wirken Merlin und seine Zwillingsschwester Brisen, die in Williams Universum für Zeit und Raum steht und die die Tochter von Nimue (der Natur) ist, einen Zauber, um bei der Gründung des arturischen Reiches zu helfen:

> The cone's shadow of earth fell into space
> and into (other than space) the third heaven.
> In the third heaven are the living unriven truths,
> climax tranquil in Venus, Merlin and Brisen
> heard, as in faint bee-like humming
> round the cone's point, the feeling intellect hasten
> to fasten on the earth's image; in the third heaven
> the stones of the waste glimmered like summer stars.
> Between wood and waste the yoked children of Nimue
> opened the rite; they invoked the third heaven,
> heard in the far humming of the spiritual intellect,
> to the building of Logres and the coming of the land of
>   the Trinity
> which is called Sarras in maps of the soul. Merlin
> made preparation; ...
> He lifted the five times cross-incised rod
> and began incantation; in the tongue of Broceliande
> adjuring all the primal atoms of earth
> to shape the borders of Logres, to the dispensation
> of Carbonek to Caerleon, of Caerleon to Camelot, to the
>   union
> of King Pelles and King Arthur ...

Ein weiterer bekannter Dichter, John Heath-Stubbs, gab uns seine Vision von Artus in einem breitangelegten Epos mit dem Titel *Artorius*[23], in dem Mythos, Romantik und Heldentum subtil vermengt werden.

In neuerer Zeit hat es eine ganze Reihe von Romanen zu diesem Thema gegeben. *The Mists of Avalon* (»Die Nebel von Avalon«) von Marion Zimmer Bradley[3], *Down the Long Wind* von Gillian Bradshaw[4], eine Roman-Trilogie rund um Merlin von Mary Stewart[72, 73, 74] und eine weitere von Stephen Lawhead über Taliesin[39], Merlin[38] und Arthur[37]. Jedes dieser Werke hat seinen eigenen kraftvollen Zauber in die Wiedergabe der Geschichten eingeflochten und deren Anziehungskraft für den zeitgenössischen Suchenden so noch vertieft und erweitert. Bradley erzählt ihre Geschichte vom Standpunkt von Morgan le Fay aus und zeichnet ein großartiges Bild von Avalon als Feenwelt, die sich allmählich immer weiter vom historischen Reich Artus' entfernt. Die Autorin beschwört zu Beginn des Buches auch Anklänge an Atlantis herauf und greift damit einen Gedanken auf, der zuerst von Dion Fortune eingeführt wurde, nämlich daß Artus' Mutter Igraine (zusammen mit Merlin) eine der wenigen war, denen die Flucht von dem untergegangenen Kontinent gelang. Mit sich brachte sie die Erblinie und das magische Wissen der ältesten und am höchsten entwickelten Zivilisation der Erde.

Stephen Lawhead geht noch weiter, indem er die Überlebenden der Katastrophe verschiedene Gemeinschaften in Glastonbury und an anderen Orten in Britannien gründen läßt – Gründungen, die in der Vorstellung der ursprünglichen Bewohner des Landes mit den *Sidhe* synonym werden.

Gillian Bradshaw führt in ihrer Reihe über Gawain ebenfalls magische Themen in die Geschichte ein und gibt ihrem Helden die Aufgabe, das magische Schwert des

Lichts unter der Ägide des Gottes Lugh zu suchen und zu finden. Damit geht sie auf eine Tradition zurück, die Gawain als Besitzer von Excalibur sieht, das ihm von Artus in den Kriegen gegen die Sachsen für eine Weile überlassen worden war.

Merlin in Mary Stewarts Trilogie ist eher ein moderner Magier als der inspirierte Druide der früheren Texte. Aber er ist noch ein erkennbarer Nachfahre des Merlin Ambrosius, über den Geoffrey von Monmouth schrieb – er fällt in inspirierte Trancezustände und leidet die schrecklichen Qualen eines begabten Sehers, der alles vorhersehen kann, aber hilflos zusehen muß, wie das Königreich, das zu erschaffen er mithalf, in die Dunkelheit zurücksinkt, aus der es einst aufgetaucht war.

Das zeitgenössische Kino hat Artus ebenfalls nicht vernachlässigt. Besonders ein neueres Werk, *Excalibur* von John Boorman (Regie und Drehbuch, zusammen mit Rospo Pallenberg), gibt einen bemerkenswert vollständigen Überblick über den gesamten Zyklus, von Artus' Geburt bis zur letzten Schlacht. Das Drehbuch ist zuweilen so stark verkürzt, daß die Geschichte schwer verständlich wird, sie ist aber von einer Geschlossenheit, die in den sonstigen Artuswerken nur selten zu finden ist. Der Film verwendet auf besondere Weise die Symbolik der Gralssuche und zeigt erfolgreich die Verbindung zwischen Artus und dem verwundeten König, die in dieser Version ein und dieselbe Person sind. Er enthält zudem die bisher wohl beste Darstellung von Merlin – als einer weisen, schrulligen, traurigen Gestalt, dem letzten Drachenpriester Britanniens, der sich der ungeheuren Macht der inneren Erde bedient, um seine magischen Operationen zu vollbringen.

Eine magische Dimension

Solche Operationen sind jedoch keinesfalls auf die Fiktion oder die Leinwand beschränkt. Ein gemeinsamer Faktor in vielen der hier erwähnten modernen Versionen der Geschichte ist, daß sie nicht nur die historischen und mythischen Elemente verwenden, sondern auch ihre magische und esoterische Bedeutung. So greift Diana Paxson in ihrem Tristan-Roman *The White Raven*[64] auf ihre eigenen magischen Erfahrungen als Priesterin des Wicca-Kultes zurück, während die entsprechenden Beschreibungen in Charles Williams' Schriften auf seine Jahre im magischen *Order of the Golden Dawn* zurückgehen.

Schon in den 90er Jahren des letzten Jahrhunderts bezog sich diese berühmte Gruppe, die unter anderem A. E. Waite, W. B. Yeats und (kurzzeitig) Aleister Crowley zu ihren Mitgliedern zählte, bei ihren magischen Zeremonien auf die Artus-Tradition. Dies wurde später von Dion Fortune in der *Society of the Inner Light*[14] und anschließend von den *Servants of the Light School of Quabalistic Science* sowie von einzelnen wie Gareth Knight, R. J. Stewart und dem Autor selbst fortgesetzt.

Es ist ein Zeichen für den letztendlichen Wert und die Bedeutung der Artus-Tradition, daß sie für die magische Arbeit ganz besonders geeignet ist, da sie auf esoterischen Prinzipien beruht und dabei so viele verschiedene archetypische Kräfte verkörpert. Ein Beispiel dafür, das der Autor bezeugen kann, ereignete sich bei einem Wochenend-Workshop in Gloucestershire. Dabei wurde eine ungeheure Menge an Energie aufgebaut, indem man das Gruppenbewußtsein der anwesenden fünfzig oder sechzig Personen benutzte. Nachdem diese Energie in einem Kraftkegel zur Kulmination gebracht worden war, ging der Leiter der Gruppe dazu über, Artus, Guinevere, Merlin und Morgan aus den inneren Reichen heraufzubeschwören. Die Kraft und Unmittelbarkeit der Reaktion war absolut überwältigend. Die arturischen Archetypen waren buchstäblich in der Gruppe anwesend und blieben dort für längere Zeit spürbar. Der schlafende König wurde gewissermaßen aus Avalon gerufen und wieder in die Welt geschickt, um für die Wiederherstellung des Reiches zu wirken. Später, bei verschiedenen weiteren magischen Operationen, die von der gleichen Gruppe und deren Seitenzweigen ausgeführt wurden, wurde diese Arbeit fortgesetzt und verstärkt. Man arbeitete an tatsächlichen alten Stätten mit entsprechenden arturischen Assoziationen, indem man sich als Gruppe dort traf oder individuell arbeitete.

In einem Bericht aus erster Hand heißt es:

> Die Prophezeiung von der Rückkehr Artus' wurde in jener Nacht erfüllt, in dem Camelot, das wir erbaut hatten. Nach einer Lesung von Tennysons »Morte d'Arthur« luden wir die erlösten Archetypen der Tafelrunde zu uns ein. Wir saßen schweigend eine halbe Ewigkeit beisammen und riefen die Gestalten an, mit denen wir das Wochenende hindurch so vertraut geworden waren. Wir schickten sie hinaus, um sich der bedrängten Welt unserer Tage anzunehmen, und wir luden diejenigen unserer Freunde und Angehörigen dazu ein, die sich möglicherweise an unserer Gemeinschaft beteiligen wollten. Es war in der Tat eine großartige und wunderbare Sache. Die Macht, die wir anriefen, war auf vielerlei Weise spürbar, sichtbar und wahrnehmbar. Selbst die Kerzen auf dem Altar schienen mit einem überirdischen Schimmer stärker als gewöhnlich zu leuchten. Niemand wollte gehen, wir waren wie gebannt, aber nicht von Furcht, sondern von einer Sehnsucht, noch länger zu bleiben. Dann zerstreute sich die Gesellschaft langsam, einer nach dem anderen, um die Substanz dessen in die Welt zu tragen, was wir erlebt hatten, und um die Arbeit der Tafel-

runde innerhalb der eigenen Lebenssphäre fortzusetzen.[54]

Dieses Projekt hatte seinen vorläufigen (aber keinesfalls endgültigen) Höhepunkt 1987 in einer großangelegten Aktion mit der Absicht, den Hof der Freude wieder einzurichten, jenen zutiefst magischen Ort, an dem die vier Heiligtümer des Gralsmythos – Kelch, Speer, Stein und Schwert – wieder auf bestimmte Kraftplätze von Logres ausgerichtet waren, um aktiv für die Heilung des Landes und all jener zu wirken, die in ihm leben.[55]

Solche Berichte können natürlich in keiner Weise die aktive Teilnahme an arturischen Mysterien ersetzen. Es ist auch nur die Absicht dieses Buches, eine kurze Einführung in sie zu geben. Die Erfahrung dieser archetypischen Kräfte aus erster Hand kann nur machen, wer aktiv mit ihnen arbeitet; daher werden auf diesen Seiten verschiedene Methoden dazu vorgestellt.

Es gibt viele andere wertvolle Systeme, mit denen man arbeiten kann, und es ist nicht die Absicht des Autors, diese herabzusetzen, indem er sich hier ausschließlich auf die Artus-Tradition konzentriert. Diese hat allerdings den Vorteil, daß sie zwar auf unserem heimischen Boden gewachsen, aber durch die breite Anwendung praktisch universal geworden ist. In welchem Teil der Welt diejenigen auch leben, die diese Tradition weiter erkunden möchten, es gelten die gleichen Werte. Die Kernlegenden vieler Länder, von Afrika bis Rußland, haben ihre eigenen Artus-Gestalten, ihre eigenen Merlins, ihr eigenes reiches Erbe an Traditionen, die sich im Grunde der gleichen Quelle bedienen.

In unserem Land brennt das Licht des Ruhms und der magischen Kraft von Artus weiterhin mit stetiger Flamme. Die Traditionen, die ihn als den Schlafenden Herrn bezeichnen, als den Schutzgeist des inneren Britanniens, verkörpern eine Realität von großer Macht. Der Dichter David Jones, den wir bereits erwähnten, faßte dies in einem Werk zusammen, das den Titel trägt *The Sleeping Lord*[28]. Ein Absatz daraus scheint besonders gut geeignet, um hier zu schließen, ehe wir uns der letzten Übung zuwenden und eine neue Vision der Artus-Tradition gewinnen:

> Wie lange schon schläft unser Herr?
> Sind die feuchten Farne
>   sein rauschender Umhang,
> schützt die vergrabene Esche
>   ihn vor dem Bösen,
> oder bewacht er das Gebüsch
>   und die Waldbewohner;
> sind die verkrüppelten Eichen seine knorzigen Wächter,
>   oder sind ihre knarrenden Glieder
> stark von seinem Saft? ...
> Wartet das Land auf den Schlafenden Herrn,
>   oder ist das wüste Land
> selbst der Herr, der schläft?

Übung 8: Der künftige König

Artus wird auch der einstige und künftige König genannt, weil er ein Aspekt eines Archetyps ist, der die Ewigkeit umspannt. Er ist schon fast so lange ein Teil der Geschichte dieser Welt, wie diese besteht – nicht als Artus von Britannien, sondern als frühere Gestalten, die schließlich in der Figur dieses teils historischen, teils mythischen Helden verkörpert wurden. Als die Zeit kam, daß sich diese Gestalt verabschieden sollte, war es nicht angemessen, daß sie einfach sterben sollte. »Kein weiser Gedanke, der Gedanke an ein Grab für Artus«, heißt es in einem alten walisischen Gedicht. Statt dessen zog er sich – wie Merlin vor ihm – zurück an einen verborgenen Ort, wo man ihn sich schlafend vorstellt, bis zu dem Tag, an dem er zurückgerufen wird, um das Werk fortzusetzen, das er vor langer Zeit begann.

Ob man nun glaubt oder nicht, daß dieser Ruf bereits erfolgt ist (siehe Seite 31), es gibt etwas in Artus, das niemals schläft und mit dem man in Kontakt treten kann, wie wir im ersten Kapitel gezeigt haben. Wenn wir uns durch die verschiedenen Stadien des Bewußtseins gearbeitet haben, wie sie in den Übungen dargestellt sind, ist nun der Zeitpunkt gekommen, um an den inneren Ort des Schlafenden Herrn zurückzukehren und ihm dort anzubieten, was wir gelernt haben.

Zur Vorbereitung auf die Meditation laß dich daher tief in das Land selbst sinken und spüre die lebendige Erde, das dichteste aller Elemente, auf allen Seiten. Du trittst jedoch unbeschadet hindurch, bis du in einer großen Höhle wieder auftauchst, weit unter der Oberfläche des Landes. Die Höhle wird von einem Licht erhellt, das von den Mauern zu kommen scheint, und in diesem Licht siehst du ein großes Bett aus Stein in der Mitte des Raums, auf dem die Gestalt eines Mannes ruht, der weit größer ist als jeder Sterbliche. Er liegt auf der Seite, hat die Knie leicht angezogen und eine Hand stützend unter den Kopf gelegt. Sein Haar und sein Bart sind so braun wie vor Jahrhunderten, als er sich zu seinem langen Schlaf niederlegte, und es umgibt ihn ein Friede, der dem kriegerischen Aussehen seines großen Schwertes widerspricht, das neben ihm liegt, des Schildes, der gegen das Bett gelehnt steht, und des Speers, der auf dem Boden liegt, bereit, im nächsten Moment aufgehoben zu werden, ebenso wie das feine Kettenhemd, das dicht daneben hängt.

Er ist genau wie die Gestalt, der du schon begegnet bist, und doch anders. Er hat die gleiche Ausstrahlung von Edelmut und innerer Kraft, gemäßigt durch Traurigkeit. Aber in diesem Aspekt sind seine Dimensionen in jeder Hinsicht größer: Der schlafende Herr selbst ist von größerem Ausmaß, aber auch die Kräfte und Fähigkeiten, die du in ihm spürst.

Während du so neben ihm stehst, wird dir bewußt, daß die Augen der großen Gestalt offen sind und daß er dich warm und freundlich und auch ein wenig neugierig ansieht. Er regt sich nicht, doch du spürst eine suchende Intelligenz, die sich dir zuwendet und liest, was es im Buch deines Lebens zu lesen gibt. Du empfindest dabei möglicherweise Scham oder Freude, je nach deinem Wesen.

Und obwohl kein Wort fällt, spürst du plötzlich, wie du hochgehoben und wie ein substanzloser Traum durch die Erde nach außen und hoch in den Himmel gehoben wirst. Von hier blickst du hinab und siehst einen Teil des Landes, wo du vor kurzem gestanden hast. Du siehst auch, daß das Land die Gestalt des Königs hat: Seine Gliedmaßen bilden die Hügel und Täler, sein Körper ist der grüne Hügel, unter dem er schläft. Und wenn du nach außen blickst von dem Platz aus, wo du jetzt stehst, siehst du, von den Sternen gespiegelt, eine weitere Gestalt, noch riesiger als die unten, ein ungeheures Netz von Energien, das Welten und sogar Sonnensysteme verbindet.

Du wendest dich ehrfüchtig ab, denn dies ist der kosmische König, und der schlafende Herr wie auch der Krieger Artus sind nur Schatten davon. Du schließt deine inneren Augen, und im nächsten Moment findest du dich wieder in der Höhle und blickst in die ruhigen Augen des Schläfers, der erwacht ist. Die Zeit ist da, um deine Gabe anzubieten, alles, was du auf deinen Reisen in die inneren Reiche gelernt und begriffen hast, alles, was dein Teil der Tradition ist, der unendlichen Geschichte, von deren Ausgang noch kein Mensch geträumt hat ...

Nachdem du deine Botschaft ausgesprochen hast und sie empfangen wurde, beginnst du durch die dichte Dunkelheit der Erde nach oben zu schweben, bis du wieder an der Stelle auftauchst, an der du diese Meditation begonnen hast. Betrachte dies, wenn du willst, als das Siegel für alle Arbeit, die du in dieser Sphäre des Verstehens getan hast und noch tun wirst. Denn was Artus empfängt, taucht auch im Bewußtsein anderer auf, und deshalb wirst du gesegnet von den Bewohnern von Avalon.

Mögest du immer größere Reichtümer und immer tiefere Weisheiten im Lande von Artus finden!

Wichtige Gestalten der Artussage

Agravaine: Sohn von *Lot* und *Morgause*, dritter der Orkney-Brüder, zu denen außerdem *Gawain*, *Gaheris* und *Gareth* zählten. Agravaine galt als weniger zuverlässig als die anderen und war in die Verschwörung gegen *Lanzelot* verwickelt, die den Ritterbund der Tafelrunde zur Auflösung brachte. Er starb von der Hand Lanzelots im Kampf vor der Kammer der Königin.

Ambrosius Aurelianus: *Vortigerns* Nachfolger und Bruder von *Uther*.

Artus: Sohn von *Uther* und *Igraine*. Es heißt, daß seine Mutter zu jenen gehörte, die aus Atlantis fliehen konnten, ehe der große Kontinent versank. Andere behaupten, daß sie Feenblut besaß. Durch Uthers Adern strömte mit Sicherheit das Blut der alten britischen Könige, denn er stammte von einem Herrscherhaus ab. Artus wurde zum Heiligen König Britanniens, indem er ein Schwert aus einem Stein zog – nicht Excalibur, wie es zuweilen heißt, sondern ein Symbol seiner rechten Abstammung. Dies war von *Merlin* arrangiert worden, der auch zu seiner Geburt beitrug, indem er Uther so verwandelte, daß er wie Igraines Ehemann *Gorlois* aussah. Merlin wurde später zu Artus' Berater.

Bedivere: Ritter der Tafelrunde. Einer der ersten, die der Runde beitraten. Er wurde Artus' Diener und organisierte die Feste und Turniere gemeinsam mit dem leicht aufbrausenden *Kay*. Er war ein bewährter Krieger, blieb bei Artus bis zu dessen Ende und warf schließlich das magische Schwert Excalibur zurück in den See, woher es gekommen war.

Bercilak: Ritter, der von *Morgan* in den Grünen Ritter verwandelt wird. Er steht für das Prinzip Winter und war in seiner anderen Gestalt ein Gott des Gedeihens, dessen Aufgabe es war, Gawain zu prüfen und in die Mysterien der Göttin einzuweihen. Lady Bercilak, seine Frau, versuchte *Gawain* zu verführen, damit er die ritterlichen Eide verriet und so dem Ruf der Tafelrunde schadete. Auf einer tieferen Ebene ist sie einer der Aspekte der Göttin, deren verführerische Rolle darauf angelegt war, Gawain in ihre Dienste zu initiieren.

Blaise: Merlins Lehrer, dem er im *Didot-Perceval*[70] seinen Bericht erstattet, ehe er sich zurückzieht. Eine schattenhafte Gestalt, die in den meisten Texten als Eremit oder Mönch beschrieben wurde, jedoch an eine viel ältere, urtümlichere Gestalt denken läßt, die Merlin in die geheimen Künste einweihte.

Bors: Vetter *Lanzelots*. Einer der stärksten Ritter der Tafelrunde. Er wurde zum dritten im Trio der erfolgreichen Gralsritter. Seine Hauptaspekte waren Standhaftigkeit und Zuverlässigkeit. Er ist der einzige, der nach der großen Gralssuche nach Camelot zurückkehrt, um Artus und den anderen zu berichten, was sich ereignet hatte. Später weigert er sich, *Guinevere* gegen die Anklage des Ehebruchs zu verteidigen, ändert dann aber seine Haltung und wird schließlich von Lanzelot erlöst, der im letzten Moment erscheint, um sie zu retten. Er überlebt die meisten anderen der Tafelrunde und stirbt in Palästina auf einem Kreuzzug.

Bran: Ahnherr der Könige Britanniens, einer der mächtigsten titanischen Götter, die das Land vor der Ankunft Artus' regierten. Er ist auch Vorbild für den verwundeten König der späteren Geschichten. Bei seinem Tod verfügte er, daß sein Kopf abgeschnitten und auf die Insel Gwales gebracht würde, wo er viele Jahre lang noch das Orakel sprach, bis einer aus der Truppe, die ihn begleitete, eine verbotene Tür öffnete, worauf das Haupt verstummte und zu verfallen begann. Darauf wurde es zum Weißen Turm in London gebracht und Brans Wunsch entsprechend begraben, damit er sein Land weiterhin gegen Invasionen schützen konnte. Artus verfügte später, dieses Haupt auszugraben, damit man ihn allein als den Verteidiger Britanniens betrachten würde.

Brangaine: Dienerin von *Isolde von Cornwall*, die *Tristan* und ihrer Herrin den Liebestrank gab, den Isoldes Mutter für die Hochzeitsnacht mit König *Marke* gebraut hatte. Als Tristan zum Liebhaber ihrer Herrin wird, stimmt sie zu, sich in der Hochzeitsnacht an ihrer Stelle zur Verfügung zu stellen, damit Marke nicht merkt, daß seine Frau keine Jungfrau mehr ist.

Brisen: Amme von *Elaine von Corbenic*. Sie sorgte für die Täuschung, durch die Galahad gezeugt wurde, indem sie Lanzelot einen Zaubertrank gab, durch den er glaubte, mit Guinevere ins Bett zu gehen. Als Lanzelot beim Aufwachen erkennt, daß Elaine neben ihm liegt, bringt er sie beinahe um und wird dann für eine Zeitlang wahnsinnig. Elaine zieht Galahad auf und schickt ihn dann in die Obhut der Nonnen von Amesbury.

Culhwch: Früher keltischer Held, dessen Suche nach Olwen, der Tochter des Riesen Yspadadden, ihn dazu bringt, Hilfe bei seinem Vetter Artus zu suchen. Eine phantastische Truppe von Helden mit besonderen, andersweltlichen Fähigkeiten wird ausgesandt, um dem Jüngling zu helfen. Aus den darauffolgenden Abenteuern hat sich eine Unzahl von fragmentarischen Heldensagen ergeben.

Dagonet: Artus' Hofnarr, der zum Ritter der Tafelrunde wurde und dessen sanfter Spott ihn zur beliebtesten Gestalt im arturischen Bilderbogen machte. Er wurde zum besten Freund von *Tristan* und rettete ihn mehr als nur einmal vor der Gefangennahme durch *Marke*.

Dindraine: Schwester *Parzivals*, die die Gralsritter begleitet und sich schließlich opfert, um eine lepröse Frau zu retten. Ihr Leichnam wird im magischen Schiff Salomons in die heilige Stadt Sarras gebracht, wo sie neben *Galahad* begraben wird. Als einzige Frau, die an der Gralssuche beteiligt ist, spielt sie eine äußerst wichtige Rolle. Sie steht ebenso wie *Elaine von Corbenic* für das weibliche Mysterium des Grals.

Ector: Pflegevater von Artus. Er erzieht den jungen König, ohne über dessen Identität Bescheid zu wissen, nachdem Merlin ihm das Kind anvertraut hatte.

Elaine von Astolat: Die Jungfrau, deren Vater *Lanzelot* heimlich für ein Turnier ausrüstet. Sie verliebt sich in den berühmten Helden, doch als sie erkennt, daß er diese Liebe niemals erwidern wird, hungert sie sich zu Tode. Ihr Leichnam wird in ein Boot gelegt und flußabwärts nach Camelot gebracht, wo alle um sie trauern.

Elaine von Corbenic: Tochter von *Pelles* aus der Gralsfamilie. *Brisen* gibt *Lanzelot* den Zaubertrank, so daß er meint, mit *Guinevere* zu schlafen. Als er den Betrug bemerkt, wird er eine Zeitlang wahnsinnig, aber schließlich von Elaine aufgespürt und gesund gepflegt. Danach verschwindet sie eigentlich aus der Geschichte, tritt aber als Gralsprinzessin und unter anderen Namen in anderen Teilen der Artus-Sagen wieder auf.

Gaheris: Sohn von *Lot* und *Morgause*, zweiter der Orkney-Brüder, der entdeckt, daß Morgause den Ritter *Lamorack* zum Liebhaber genommen hat. Als er die beiden gemeinsam im Bett vorfindet, schlägt er in einem Anfall von Raserei seiner Mutter den Kopf ab. Er stirbt später durch die Hand *Lanzelots* im Kampf, als dieser Guinevere vor dem Scheiterhaufen zu retten versucht.

Galahad: Sohn von *Elaine von Corbenic* und *Lanzelot*. Er übertrifft seinen Vater noch an ritterlicher Ehre und Reinheit und wird zusammen mit *Parzival* und *Bors* zum Entdecker des Grals. Die Beziehung zu seinem Vater ist rührend und wichtig, und seine letzten Worte an Bors lauten: »Grüße meinen Vater Sir Lanzelot von mir.«

Galahaut, der Stolze Prinz: Herr des Reiches von Surluse. Er zieht in den Anfangstagen von Artus' Herrschaft gegen den jungen König, ergibt sich diesem aber schließlich, als er die ritterlichen Tugenden von *Lanzelot* bemerkt, dessen treuer Anhänger er wird. Als er später Lanzelot für tot hält, weigert er sich zu essen und hungert sich zu Tode. Er wird ehrenvoll in Lanzelots Burg *Joyous Gard* beigesetzt.

Gareth: Dritter Sohn von König *Lot* von Orkney und *Morgause*. Er zieht anonym an den Hof und wird von *Kay* ›Beaumains‹ (Schöne Hände) genannt und zur Arbeit in die Küche geschickt. Er bittet, auf das Abenteuer mit Linet geschickt zu werden, und zeichnet sich dabei aus, indem er eine Reihe verschiedenfarbiger Ritter besiegt. Er wird von *Lanzelot* zum Ritter geschlagen, zu dessen ergebenem Anhänger er wird. Er wird aber von dem großen Ritter auf tragische Weise im Kampf um die Rettung *Guineveres* vor dem Scheiterhaufen getötet.

Gawain: Sohn von König *Lot* von Orkney. Ältester der Orkney-Brüder und der größte Ritter an Artus' Hof, bis *Lanzelot* auftauchte. Sein Ruf litt aufgrund seiner Treue zur Göttin, deren Held und Liebhaber er wurde, nachdem er die Initiationsprüfungen durch den Grünen Ritter und die Heirat mit *Ragnall* bestanden hatte. Der Tod seiner Brüder durch die Hand Lanzelots machte ihn zum erbitterten Feind seines einstmals besten Freundes. Er starb schließlich an den Wunden, die er in einem Kampf erhielt, den Lanzelot nie gewollt hatte. Sein Geist erschien Artus vor der Schlacht bei Camlan.

Gorlois: Herzog von Cornwall, erster Ehemann von *Igraine*. Er kämpft einen erbitterten Krieg gegen *Uther* und wird schließlich in einem Scharmützel vor der Burg Tintagel getötet. *Merlin* verwandelt Uther daraufhin so, daß er wie Gorlois erscheint. In dieser Gestalt zeugt er Artus mit Igraine, die er später auch heiratet.

Gromer Somer Joure: Bruder von *Ragnall*, der Artus mit einer Rätselfrage herausfordert: »Was begehren Frauen am allermeisten?« Er ist eine mächtige andersweltliche Gestalt und ein großer Zauberer, wird aber von Artus mit Hilfe Gawains besiegt und gesteht, daß er selbst von *Morgan le Fay* verzaubert worden sei.

Guinevere: Tochter von *Leodegrance*, König von Cameliard, und Frau von Artus. Ihre Liebesaffäre mit *Lanzelot* führt zum Sturz des Reiches, und sie beendet ihre Tage im Kloster von Amesbury, wo sie schließlich auch begraben wird, nachdem sie sich endgültig von Lanzelot verabschiedet hat. Ihre ursprüngliche Rolle war die der Blütenbraut, ein alter Aspekt der Göttin, dessen Rolle es war, daß die rivalisierenden Mächte von Sommer und Winter um sie kämpften. Zu irgendeinem Zeitpunkt müssen Artus und Lanzelot diese Rollen übernommen haben.

Igraine: Mutter von Artus. Die Tradition besagt, daß sie ursprünglich aus Atlantis stammte, aber in den meisten Versionen ist sie die Frau von *Gorlois von Cornwall*, in die *Uther* sich verliebt. Merlin hilft ihm, Gorlois Aussehen anzunehmen, so daß Uther Artus mit ihr zeugen kann.

Isolde von der Bretagne: Tochter des Königs der Bretagne. Wurde auf Betreiben ihres Bruders Kaherdin *Tristans* Frau. Die Ehe wurde jedoch nicht vollzogen, und Isolde hegte bittere Gefühle gegenüber ihrem Gatten. Schließlich führte sie seinen Tod herbei, indem sie ihm die falsche Farbe der Segel nannte, als das Schiff mit *Isolde von Irland* zu seiner Hilfe kam. Kurz darauf beging sie Selbstmord.

Isolde von Irland: Tochter des Königs Anguish von Irland. Sie war *Marke von Cornwall* versprochen, wurde aber zur Geliebten *Tristans*, nachdem sie einen Liebestrank zu sich genommen hatte, der für ihre Hochzeitsnacht mit Marke bestimmt gewesen war. Sie war eine berühmte Schönheit, und ihre Affäre mit Tristan schockierte den Artushof und lenkte vorübergehend die Aufmerksamkeit von der Liebe zwischen *Lanzelot* und *Guinevere* ab. Als sie zu spät kam, um Tristan von einer vergifteten Wunde zu heilen, starb sie an gebrochenem Herzen und wurde neben ihm in der Bretagne begraben.

Joseph von Arimathäa: Heiliger. Ein reicher Jude mit Verbindungen zum Zinnhandel in Cornwall. Möglicherweise hat er mit dem jugendlichen Jesus einmal Britannien besucht. Nach der Kreuzigung barg er den Leichnam des Messias und ließ ihn in seinem eigenen Grab beisetzen. Als Belohnung dafür wurde ihm später die Wächterschaft über den Gral gegeben, und er gründete eine Familie von Gralswächtern, die diesen bewahrten, bis er von *Galahad* gefunden wurde, einem direkten Nachfahren von Joseph. Er soll auch die erste christliche Kirche in Glastonbury in Somerset errichtet und der Jungfrau Maria geweiht haben.

Kay: Artus' Pflegebruder, Sohn von *Ector*. Er wird zu Artus' Seneschall und dient ihm treu in diesem Amt bis zum Ende der Tafelrunde. Sein aufbrausender Charakter und seine gelegentliche Grausamkeit verschafften ihm einen etwas schlechten Ruf, aber er war trotzdem ein guter Ritter und scheint von Artus aufrichtig geliebt worden zu sein.

Lamorack: Sohn von König *Pellinore*, einer der stärksten Ritter der Tafelrunde. Er verliebte sich in *Morgause* und wurde schließlich von *Gawain* und dessen Brüdern ermordet, nachdem *Gaheris* seiner Mutter eigenhändig den Kopf abgeschlagen hatte, als er die beiden zusammen im Bett fand.

Lanzelot: Sohn von König Ban von Benwick, manchmal auch Lanzelot vom See genannt, weil er im andersweltlichen Reich des Sees aufgewachsen war. Er behielt zahlreiche Eigenschaften eines Feenritters bei, die es ihm ermöglichten, den Platz als Artus' berühmtester Ritter einzunehmen. Von *Gawain* übernahm er die Rolle als Held der Königin und verliebte sich in *Guinevere*. Es gibt viele Geschichten über Lanzelots Mut und Geschicklichkeit sowie seine Versuche, das Reich von Bösem zu befreien. Als Hüter des Landes nahm er so auch eine Stellvertreterrolle des Königs ein. Nachdem er durch einen Trick dazu gebracht worden war, mit *Elaine von Corbenic* zu schlafen, wurde er wahnsinnig. Nach seiner Heilung begab er sich mit den anderen auf die Gralssuche. Aufgrund seiner ehebrecherischen Liebe zu Guinevere konnte er das Gefäß selbst nicht erringen, wurde aber darin durch seinen Sohn *Galahad* vertreten, der ihn übertraf. Er wurde schließlich vom Hofe verbannt und starb nach Artus' Tod als Einsiedler.

Linet: Manchmal auch das wilde Fräulein und Lynette genannt. Linet kommt zum Hof und bittet um Hilfe für ihre gefangene Schwester *Lionors*. Der einzige Ritter, der zur Verfügung steht, ist der gerade erst zum Ritter geschlagene Beaumains, *Gareth*, dessen Unerfahrenheit sie gnadenlos verspottet. Sie erscheint auch in einer früheren Geschichte als Führerin und Beschützerin von *Owain*.

Lionors: Schwester von *Linet*. Sie wird von *Gareth* gerettet, der sie später heiratet.

Lot: König von Orkney und Ehemann von *Morgause*. Zu Beginn von Artus' Herrschaft war er einer der rebellierenden Könige. Der Orkney-Clan, der aus seinen Söhnen *Gawain*, *Agravaine*, *Gaheris*, *Gareth* und deren Mutter bestand, behielt die ganze Regierungszeit Artus' hindurch etwas von der alten Feindschaft ihm gegenüber bei. Doch ironischerweise ist es *Mordred*, der Sohn von Morgause und Artus', in dem die Saat der ehemaligen Rebellion ans Tageslicht tritt. Lot wurde von *Pellinore* getötet.

Marke: König von Cornwall, Onkel von *Tristan*, den er ausschickt, seine Braut *Isolde*, Tochter des Königs von Irland, heimzuholen – mit katastrophalen Folgen für sein eigenes Glück. Isolde vermeidet die Hochzeitsnacht mit Marke, indem sie ihre Zofe *Brangaine* in sein Bett schickt. Marke wird oft als gehörnter Ehemann dargestellt, der Isoldes Untreue duldet, auch wenn er seine Frau und seinen Neffen häufig verfolgt hat.

Merlin: Magier und Beschützer der Pendragon-Linie. Da er von einer Jungfrau zur Welt gebracht wurde, die von einem Geist besucht worden war, fanden *Vortigerns* Männer in ihm das perfekte Opfer, um die Fundamente seines immer wieder einstürzenden Turms zu retten. Merlin Emrys berichtet daraufhin von der ewigen Schlacht zwischen den beiden Drachen, die unter den Fundamenten leben, eine Geschichte, die das Thema als Rassenkonflikt zu erkennen gibt. Er gibt in seltsamen Versen Prophezeiungen über Britannien ab und wird zum Berater von *Ambrosius Aurelianus* und dessen Bruder *Uther*, in dessen Regierungszeit er auf magische Weise Stonehenge errichtet. Artus erbt Merlin als magischen Berater nur für kurze Zeit, ehe er in das Reich seines Vaters zurückkehrt, um – frühen Quellen zufolge – zum ewigen Wächter Britanniens zu werden, oder – späteren französischen Quellen zufolge – ehe er dem Zauber *Nimues* erliegt. Merlin ist der Hauptstratege der Pendragons und der innere Wächter des Landes, das in frühen Zeiten *Clas Merddin*, Merlins Umfriedung, genannt wurde.

Mordred: Der inzestuös gezeugte Sohn von *Artus* und *Morgause*. Als Artus erkennt, daß er mit seiner Halbschwester geschlafen hat, versucht er seinen Sohn umzubringen, indem er eine herodesähnliche Proklamation ausrufen läßt, nach der alle Säuglinge, die um diese Zeit geboren wurden, in einem Boot ausgesetzt werden sollen. Mordred überlebt dies und wird von Morgause aufgezogen, die ihn schließlich an den Hof schickt. Mordred wird allerdings nie offiziell als Artus' Sohn oder Nachfolger anerkannt. Als die Tafelrunde zusammenbricht, nutzt Mordred die Schwächen des Reiches aus und ergreift in Artus' Abwesenheit das Kommando. Er wird von Artus getötet, fügt diesem aber zuvor eine tödliche Wunde zu.

Morgan le Fay: Tochter von *Gorlois* und *Igraine*. Sie wird in ein Kloster geschickt, nach außen hin, um zur Nonne erzogen zu werden, doch in Wahrheit lernt sie hier die magischen Künste. Sie geht eine politische Verbindung mit *Uriens von Gore* ein und wird die Mutter *Owains*. Sie ist die ewige Feindin Artus' und seiner Pläne und scheint ständig irgendwelche Ungeheuerlichkeiten zu planen. Morgans Rolle als Beschützerin des Landes führt sie jedoch zu einigen herausfordernden Maßnahmen, die im Endeffekt Artus' Königswürde stützen. Sie hat zahlreiche keltische und ältere Eigenschaften, die ihre Rolle als Wächterin von Britanniens Unabhängigkeit (*Sovereignty*) verdeutlichen, die sie in vieler Hinsicht auch verkörpert.

Morgause: Frau von *Lot*, Tochter von *Igraine* und *Gorlois*. Sie wurde in einer politischen Ehe mit Lot von Orkney verheiratet, von dem sie *Gawain*, *Gaheris*, *Agravaine* und *Gareth* bekommt. Sie bringt Artus' Sohn *Mordred* zur Welt, nachdem sie ihren Halbbruder am Vorabend seiner Krönung verführt hatte. Sie wird *Lamoracks* Geliebte und von Gaheris getötet, nachdem er sie mit diesem im Bett entdeckt hatte.

Morhold: Der Onkel von *Isolde von Irland*, manchmal auch *Marhaus* genannt. *Marke* mußte Anguish von Irland Tribut zahlen; als er diese Zahlungen aussetzt, wird Morhold ausgesandt, um gegen Markes Helden *Tristan* zu kämpfen, den er zwar schwer verwundet, von dem er dabei aber getötet wird.

Nimue: Manchmal auch Viviane genannt. Sie war die Tochter von Dionas, der ein Anhänger Dianas war. Nimue wird in späteren Traditionen auch mit der Dame vom See identifiziert. *Merlin* brachte ihr die magischen Künste bei und verliebte sich schließlich in sie. Malory zufolge konnte Nimue Merlin daraufhin verzaubern und unter einem großen Stein einkerkern. Danach nahm sie Merlins Zaubermantel, den sie den Rest der Geschichte über trägt.

Owain: Sohn von *Morgan* und *Uriens*, manchmal auch Ivain oder Owein genannt. Er ist einer der ersten Artus-Ritter und wird im *Mabinogion* zum Mann der Dame des Brunnens und zum Herrn der Zauberspiele. In späteren Quellen verhindert Owain, daß Morgan seinen Vater umbringt. Er rettet einen Löwen, der zu seinem Gefährten wird. Daher wird er manchmal auch der Löwenritter genannt.

Palomides: Sarazenenritter, in *Isolde von Irland* verliebt. Er verfolgt die wilde Bestie (*Questing Beast*) nach dem Tod *Pellinores*.

Parzival: Sohn von *Pellinore*, einer der erfolgreichen Gralsritter. Den meisten Quellen zufolge wurde Parzival von seiner Mutter ohne jegliche Kenntnisse über Waffen und höfische Sitten aufgezogen, aber seine natürliche Geschicklichkeit führte ihn an Artus' Hof, wo er sich sogleich an die Verfolgung eines Ritters machte, der *Guinevere* beleidigt hatte. Seine weitere Ritterausbildung führte ihn in die Halle des Fischerkönigs, wo er es aus falscher Höflichkeit versäumte, die alles heilende Gralsfrage zu stellen. Seine anschließende erfolgreiche Suche nach dem Gral wird in frühen Quellen mitgeteilt, wo er zum neuen Gralswächter wird. Spätere Texte ersetzen jedoch Parzival durch *Galahad* als den erfolgreichen Gralsritter. Parzival wird dabei zu Galahads Gefährten. Parzivals anfängliche Ignoranz gab ihm den Beinamen »der reine Narr«, aber es handelt sich um eine christusartige Einfachheit, die zu wahrer Einsicht und Weisheit reift.

Pelles: König von Corbenic und Angehöriger der Gralsfamilie. Er wird auch Pellam genannt. Pelles wird von Balin mit dem Speer verwundet und so zum König des wüsten Ödlandes, das nur durch den Finder des Grals wieder grün werden kann. Pelles duldet den Einsatz von Magie, um *Lanzelot* dazu zu bringen, mit seiner Tochter *Elaine von Corbenic* zu schlafen, damit endlich der Gralsfinder gezeugt werden kann.

Pellinore: König Pellinore war der Vater von *Parzival* und *Lamorack*. Seine Hauptaufgabe war die Verfolgung der wilden Bestie (*Questing Beast*). Da Pellinore *Lot* getötet hatte, entstand eine lange Fehde zwischen der Familie Pellinores und dem Orkney-Klan. *Gawain* und *Gaheris* erschlugen schließlich Pellinore aus Rache.

Ragnall: Schwester von *Gromer*. Sie wird von *Morgan* in eine alte Vettel verzaubert und kommt Artus zu Hilfe, als dieser versucht, die Antwort auf Gromers Rätsel zu finden. Sie erklärt sich bereit, ihm die Lösung zu verraten, wenn er sie mit *Gawain* verheiratet. Artus akzeptiert in vollem Vertrauen auf Gawains Unterstützung. Als Gromer zurückkehrt und die Frage noch einmal stellt: »Was begehren die Frauen am allermeisten?«, kann Artus ihm die Antwort geben: »Frauen begehren am allermeisten die Herrschaft (*Sovereignty*) über die Männer.« Gawain und Ragnall werden getraut, und sie verwandelt sich beim ersten Kuß in eine wunderschöne Frau. Doch dann soll Gawain entscheiden, ob sie nur tagsüber schön und bei Nacht häßlich sein soll oder umgekehrt. Er erkennt in vollem Ausmaß die Bedeutung des Rätsels und bittet sie selbst um die Entscheidung. Daraufhin ist Ragnall auf immer vom Bann befreit.

Tristan: *Markes* Neffe, Geliebter von *Isolde von Irland*. Er wird von Marke ausgesandt, um dessen Braut heimzuholen, und verliebt sich in Isolde wegen eines Liebestranks. Ihre Liebe wird von ständigen Verfolgungen durch Marke, von fehlgeschlagenen Fluchten und Täuschungen getrübt. Nachdem Isolde ihn von einer vergifteten Wunde geheilt hat, heiratet Tristan eine andere Isolde, *Isolde von der Bretagne*, mit der er aber nicht glücklich werden kann. Tristan stirbt, ohne seine frühere Geliebte Isolde wiedergesehen zu haben. Er ist der wahre bardische Ritter ohne die reine Ritterlichkeit eines *Lanzelot* und in seinen poetischen Liebeserklärungen ein wahrer Kelte.

Uriens von Gore: Einer der ersten Rebellen gegen Artus, wurde aber einer von Artus getreuesten Anhängern. Er war Vater von *Owain* und Ehemann von *Morgan*.

Uther Pendragon: Vater von Artus, zweiter Ehemann von *Igraine*. Nachdem Uther König geworden war, sah er Igraine und verzehrte sich nach ihr. Daher belagerte er ihren Mann, *Gorlois*, in seiner Burg, und in dessen Abwesenheit nahm er mit Hilfe *Merlins* die Gestalt von Gorlois an, um mit ihr zu schlafen. Zur gleichen Zeit stirbt Gorlois in der Schlacht. Uther prägt die ersten Ursprünge der Artus-Legenden, er ist der Fels, auf dem sich alles aufbaut. Daß er sich Igraine nimmt, verbunden mit weiteren Andeutungen in anderen Texten, zeigt ihn als Herrscher, der »die Sitten der Pendragons praktiziert« – eine Art »Recht der ersten Nacht« auf die Frauen seines Reiches.

Vortigern: Vorgänger von *Ambrosius*, der sächsische Söldner nach Britannien holte, um sein Reich zu schützen, eine Tat, die unter seinem Volk kaum populär war. Seine Versuche, eine Festung zu bauen, scheiterten, denn sie stürzte immer wieder ein. Von seinen Druiden wurde ihm geraten, einen vaterlosen Jungen zu opfern. Vortigern fand *Merlin*, der seine Druiden herausforderte und ihm dann das Schicksal Britanniens prophezeite. Kurze Zeit darauf starb Vortigern.

Danksagung

Mein Dank geht an Gareth Knight, von dem ich zuerst lernte, wie man die Artus-Traditionen ins tägliche Leben integrieren kann, an Bob Stewart für die zahlreichen lohnenden Gespräche, die für mich vieles klärten, was vorher geheimnisvoll schien, sowie an meine Frau, Caitlín Matthews, für ihre zuverlässige Unterstützung und ihre Hilfe dabei, neue Dimensionen zu erforschen.

Dank auch an meinen Sohn Emrys für seine Geduld, bis ich das Buch beendet hatte und wieder mit ihm spielen konnte, an Chesca Potter, die mir ein fehlendes Teilchen für das Puzzle lieferte, an die Kollegen meines »anderen« Lebens, die sich mit meinen Launen abfanden, wenn etwas schiefging, und an die unzähligen Schriftsteller, die den Weg bereiteten und denen ich gern einzeln danken würde, wenn es nicht gar so viele wären!

Bibliographie

1 Ashe, Geoffrey: *Merlin in the Earliest Records*. In: *The Book of Merlin*. Hrsg. von R. J. Stewart, Blandford Press, Poole 1987
2 Béroul: *The Romance of Tristan*. Penguin Books, London 1970 (dt.: *Tristan et Yseut*. Reineke-Verlag, Greifswald 1994)
3 Bradley, Marion Z.: *The Mists of Avalon*. Michael Joseph, London 1983 (dt.: *Die Nebel von Avalon*. Krüger, Frankfurt 1983)
4 Bradshaw, Gillian: *Down the Long Wind*. Methuen, London 1988
5 Bromwich, R.: *Trioedd Ynys Prydein*. University of Wales Press, Cardiff 1978
6 Capellanus, Andreas: *The Art of Courtly Love*. Norton & Co., New York 1969 (dt.: *De Amore*. Wilhelm Falk Verlag, München 1972)
7 Chambers, A. K.; *Arthur of Britain*. Sidgewick & Jackson, London 1927
8 Chrétien de Troyes: *Arthurian Romances*. Engl. Übers. von D. D. R. Owen, Dent, London 1987 (dt.: *Sämtliche erhaltene Werke, nach allen bekannten Handschriften*. Editions Rodopi, Amsterdam 1965)
9 *Le Chevalier de Papegau*. Engl. Übers. von T. E. Vesce, Garland Publishing, New York 1986
10 Cross, T. P.; Slover, C. H.: *Ancient Irish Tales*. Figgis, Dublin 1936

11 Dante Alighieri: *The Divine Comedy*. Engl. Übers. von L. Binyon, Agenda Editions, London 1979 (dt.: *Die göttliche Komödie*. Verschiedene Ausgaben)

12 Eisner, S.: *The Tristan Legend*. Northwestern University Press, Illinois 1969

13 Evans, S.: *In Quest of the Holy Grail*. J. M. Dent, London 1898

14 Fortune, Dion: *Avalon of the Heart*. Aquarian Press, Wellingborough 1971

15 Frankland, Edward: *The Bear of Britain*. Macdonald, London 1941

16 Franz, Marie Luise von: *C. G. Jung: His Myth in Our Time*. Hodder & Stoughton, London 1975

17 Gardner, J.: *The Complete Works of the Gawain Poet*. Southern Illinois University Press, 1965

18 Gaster, M.: *The Legend of Merlin*. In: Folklore 16 (1905)

19 Geoffrey von Monmouth: *The History of the Kings of Britain*. Engl. Übers. von L. Thorpe, Penguin, London 1966

20 Geoffrey von Monmouth: *The Vita Merlini*. Engl. Übers. von J. J. Parry, University of Illinois 1925 (dt.: *Vita Merlini. Das Leben des Zauberers Merlin*. Castrum Peregrini Presse, Amsterdam 1991)

21 Gottfried von Straßburg: *Tristan*. Engl. Übers. von A. T. Hatto, Penguin Books, London 1967 (dt.: *Tristan*. Verschiedene Ausgaben)

22 Hall, L. B.: *The Knightly Tales of Sir Gawain*. Nelson Hall, Chicago 1976

23 Heath-Stubbs, John: *Artorius*. Enitharmon Press, London 1974

24 Johnson, Robert A.: *The Psychology of Romantic Love*. Routledge & Kegan Paul, London 1983 (dt.: *Traumvorstellung Liebe: der Irrtum des Abendlandes*. Walter Verlag, Freiburg 1985)

25 Jones, D. E. F.: *The English Spirit*. Rudolf Steiner Press, London 1982
26 Jones, David: *The Anathemata*. Faber, London 1952 (dt.: *Anathemata*. Herder Verlag, Basel 1988)
27 Jones, David: *In Parenthesis*. Faber, London 1937
28 Jones, David: *The Sleeping Lord*. Faber, London 1974
29 Karr, P. A.: *The King Arthur Companion*. Chaosium Inc., Albany 1983
30 Kennedy, B.: *Knighthood in the Morte D'Arthur*. D. S. Brewer, Cambridge 1986
31 Knight, Gareth: *The Archetype of Merlin*. In: *The Book of Merlin*. Hrsg. von R. J. Stewart, Blandford Press, Poole 1987
32 Knight, Gareth: *The Magical World of the Inklings*. Element Books, Shaftesbury 1991
33 Knight, Gareth: *The Secret Tradition in Arthurian Legend*. Aquarian Press, Wellingborough 1983
34 Lacy, N. J.; Ashe, G.: *The Arthurian Handbook*. Garland Publishing Inc., New York 1988
35 *Lancelot of the Lake*. Übers. von C. Corlex, Oxford University Press, Oxford 1989
36 *Lanzalet*. Übers. von K. G. T. Webster, Columbia University Press, New York 1951
37 Lawhead, Stephen: *Arthur*. Lion Books, London 1989 (dt.: *Artus. Der legendäre König*. Piper, München 1996)
38 Lawhead, Stephen: *Merlin*. Lion Books, London 1988 (dt.: *Merlin. Magier und Krieger*. Piper, München 1997)
39 Lawhead, Stephen: *Taliesin*. Lion Books, London 1988 (dt.: *Taliesin. Sänger und Seher*. Piper, München 1997)
40 Lievergood, B. C. J.: *Mystery Streams in Europe and the New Mysteries*. The Anthroposophic Press, New York 1982

41 Löffler, C. M.: *The Voyage to the Otherworld Island*. In: *Early Irish Literature*. 2 Bde. Universität Salzburg, Salzburg 1983

42 Loomis, R. S.: *The Development of Arthurian Romance*. Norton, New York 1963

43 Loomis, R. S.: *The Grail From Celtic Myth to Christian Symbolism*. University of Wales Press/Columbia University Press, 1963

44 Loomis, R. S.: *Wales & the Arthurian Legend*. Folcroft Library Editions, London 1977

45 *The Mabinogion*. Engl. Übers. von Lady Charlotte Guest, The Folio Society, London 1980 (dt.: *Die vier Zweige des Mabinogion*. Verschiedene Ausgaben)

46 Malory, Thomas: *Le Morte D'Arthur*. University Books, New York 1961 (dt.: *Die Geschichten von König Artus und den Rittern seiner Tafelrunde*. Insel Verlag, Frankfurt a. M. 1977)

47 Marie de France: *Lais*. Engl. Übers. von G. S. Burgess und K. Busby, Penguin Books, Harmondsworth 1986 (dt.: *Die Lais*. Wilhelm Fink Verlag, München 1980)

48 Markale, Jean: *King Arthur: King of Kings*. Gordon Cremonesi, London 1977

49 Markale, Jean: *Women of the Celts*. Gordon Cremonesi, London 1975 (dt.: *Die keltische Frau. Mythos, Geschichte, soziale Stellung*. Goldmann, München 1984)

50 Masefield, John: *Midsummer Night*. Heinemann, London 1928

51 Matthews, Caitlín: *Arthur and the Sovereignty of Britain*. Arkana, London 1989

52 Matthews, Caitlín: *Mabon and the Mysteries of Britain*. Arkana, London 1987

53 Matthews, Caitlín: *Elements of the Celtic Tradition*. Element Books, Shaftesbury 1989

54 Matthews, Caitlín: *An Awesome and Splendid Thing That We Did*. Quadriga 19 (1981)
55 Matthews, Caitlín & John: *The Arthurian Tarot: A Hallowquest*. Aquarian Press, Wellingborough 1990
56 Matthews, John: *An Arthurian Reader*. Aquarian Press, Wellingborough 1988
57 Matthews, John: *Elements of the Grail Tradition*. Element Books, Shaftesbury 1990
58 Matthews, John: *Gawain, Knight of the Goddess*. Aquarian Press, Wellingborough 1990
59 Matthews, John: *Taliesin: Shamanic Mysteries in Britain and Ireland*. Unwin Hyman, London 1990
60 Matthews, John: *Merlin's Esplumoir*. In: *Merlin and Woman*. Hrsg. von Robert J. Stewart, Blandford Press, Poole 1988
61 Matthews, John; Stewart, Robert J.: *Warriors of Arthur*. Blandford Press, Poole 1987
62 Merry, E.: *The Flaming Door*. Floris, Edinburgh 1983
63 Paton, L. A.: *Studies in the Fairy Mythology of Arthurian Romance*. Franklin, New York 1959
64 Paxson, Diana L.: *The White Raven*. William Morrow, New York 1988
65 Powys, J. C.: *Porius*. Village Press, London 1974
66 *Quest of the Holy Grail*. Übers. v. P. M. Matarasso, Penguin Books, London 1969
67 Rhys, J.: *Studies in the Arthurian Legend*. Oxford University Press, Oxford 1891
68 Rougemont, Denis de: *Love in the Western World*. Pantheon, New York 1969 (dt.: *Die Liebe und das Abendland*. Kiepenheuer & Witsch, Köln 1966)
69 Shaver, A.: *Tristan and the Round Table*. Medieval and Renaissance Texts & Studies, New York 1983
70 Skeeles, D.: *The Romance of Perceval in Prose (Didot-Perceval)*. University of Washington Press, Seattle 1966

71 Sommer, H. O. (Hrsg.): *The Vulgate Version of the Arthurian Romances*. 7 Bde. The Carnegie Institution, Washington 1906-1916

72 Stewart, Mary: *The Crystal Cave*. Hodder & Stoughton, London 1970 (dt.: *Flammender Kristall*. Molden, Zürich 1971)

73 Stewart, Mary: *The Hollow Hills*. Hodder & Stoughton, London 1973 (dt.: *Der Erbe*. Molden, Zürich 1971)

74 Stewart, Mary: *The Last Enchantment*. Hodder & Stoughton, London 1979 (dt.: *Merlins Abschied*. Knaus, Hamburg 1982)

75 Stewart, Robert J. (Hrsg.): *The Book of Merlin*. Blandford Press, Poole 1987

76 Stewart, Robert J. (Hrsg.): *Merlin and Woman*. Blandford Press, Poole 1987

77 Stewart, Robert J.: *The Mystic Life of Merlin*. Arkana, London 1986 (dt.: *Merlin: das Leben eines sagenumwobenen Magiers*. Droemer Knaur, München 1988)

78 Stewart, Robert J.: *The Prophetic Vision of Merlin*. Arkana, London 1986

79 Stewart, Robert J.; Matthews, John: *Legendary Britain*. Blandford Press, Poole 1989

80 Sutcliff, Rosemary: *The Sword at Sunset*. Hodder & Stoughton, London 1963

81 Thomas: *Tristan in Brittany*. Engl. Übers. von D. L. Sayers, 1929 (dt.: *Tristan*. Wilhelm Fink Verlag, München 1985)

82 Tennyson, Alfred: *Idylls of the King*. Penguin Books, London 1983

83 Tolstoy, Nikolai: *The Quest for Merlin*. Hamish Hamilton, London 1986 (dt.: *Auf der Suche nach Merlin – Mythos und geschichtliche Wahrheit*. Diederichs, Köln 1987)

84 Travers, Pamela L.: *What the Bee Knows*. Aquarian Press, Wellingborough 1989
85 Treece, Henry: *The Great Captains*. Savoy Books, London 1980
86 Way, G. L.: *Fabliaux or Tales*. Rodwell 1815
87 Weston, J. L.: *The Esplumoir of Merlin*. In: Speculum 1946
88 Weston, J. L.: *The Legend of Sir Perceval*. David Nutt, London 1909
89 White, Terence H.: *The Once and Future King*. Collins, London 1958 (dt.: *Der König auf Camelot*. Klett-Cotta, Stuttgart 1976)
90 White, Terence H.: *The Book of Merlyn*. Collins, London 1978 (dt.: *Das Buch Merlin*. Diederichs, Köln 1980)
91 Williams, C.: *Taliesin Through Logres. The Region of the Summer Stars. Arthurian Torso*. Eerdmans, Michigan 1974

Zeitschriften

Quondam et Futurus. Vierteljährlich erscheinende, unabhängige Zeitschrift, herausgegeben von Mildred Leake Day.
Kontaktanschrift: Mildred Leake Day, 2212 Pinehurst Drive, Gardendale, AL 35071, USA

Avalon to Camelot. Illustrierte vierteljährlich erscheinende Zeitschrift, mit wissenschaftlichen Beiträgen wie auch Nachrichten aus der Welt der Medien und Bücher.
Kontaktanschrift: Freya Reeves Lambides, P.O. Box 6236 Evanston, IL 60204, USA

Internationale Artus-Gesellschaft

The International Arthurian Society. Die wichtigste Artus-Gesellschaft, der alle Artus-Forscher angehören. Sie hält alle zwei Jahre eine Konferenz ab und bringt jährlich ein bibliographisches Nachschlagewerk heraus.
Kontaktanschrift: Dr. Geoffrey Bromiley, Dept. of French, Univ. of Durham, Elvet Riverside, New Elvet, Durham DHI 3JT, Großbritannien

Register

A

Aglovale 64
Agravaine 64, 146, 157
Alanus de Insulis 17
Ambrosius Aurelianus 40, 157
Amesbury 94
Anathema, The 144
Anderswelt 24, 27, 30 f., 609, 62 f., 67, 73, 78, 80, 83, 85, 127–134, 137
Andret 97
Aneurin 43
Anguish von Irland 97
Arawn 78, 80
Arden 60
Arderydd, Schlacht von 41
Art of Courtney Love, The 102
Avalach 130
Avalon 11, 31, 61, 72, 93, 99, 127, 129–132, 134 f., 139, 146, 148, 151, 156

B

Bagdemagus von Goirre (Gor) 80
Balin der Wilde 115
Ban von Benwick 90 f.
Bear of Britain, The 145
Bedivere 26, 84, 157 f.
Bercilak 74 f., 158
Bernard von Clairvaux 47, 118
Bisclavet 62
Blake, William 142
Blaise 158
Bliheris 115
Book of Merlyn, The 146
Boorman, John 149
Bors 84, 91, 121, 158
Bradley, Marion Zimmer 148
Bradshaw, Gillian 148
Bran 27, 77, 129, 159
Brangaine 97, 159
Brisen 147, 159
Broceliande 60
Burne-Jones, Edward 143

C

Camelot 74, 91, 121, 131, 151
Camlan, Schlacht von 31, 66, 72, 130, 132, 151
Caradoc von Llancarfan 79
Carl von Carlisle 128
Caxton, William 28
Cervantes, Miguel 142
Chretién de Troyes 14, 23 ff., 82 f., 104, 112, 114, 117
Churchyard, Thomas 142
Claudas 90
Cliges 23
Crater 110
Creiddylad 78
Crowley, Aleister 150
Culhwch 159 f.
Culhwch und Olwen 26

D

Dagonet 160
Dante Alighieri 59, 92
De-Galle-Clan 64
Didot-Perceval 35, 141
Dindraine 11, 64, 160
Dionas 47
Dolorous Blow 115
Dolorous Gard 91
Don Quijote 142
Down the Long Wind 148
Drust 89
Durstan 89

E

Ector 91, 94, 160
Elaine von Astolat 11, 160
Elaine von Benwick 90
Elaine von Corbenic 92, 95, 160 f.
Eleonore von Aquitanien 64, 102
Elisabeth von Lyonesse 95
Elizabeth I. 142
Erec und Enid 23 f.
Esplumoir 50
Esyllt 89
Eucharistie 116
Excalibur 31, 149
Excalibur 149

F

Faery Queen, The 142
Ferlie 62
Fortune, Dion 109, 134, 148, 150
Frankland, Edward 145

G

Gaheris 64 f., 93, 146, 161
Galahad 11, 32, 84, 90, 92 f., 118–121, 134, 161
Galahaut 91 f., 161
Galoche 129
Ganaida 46, 48 f.
Gareth 11, 64, 80 ff., 93, 146, 161 f.
Gawain 11, 27, 49, 57, 60 ff., 64, 74–77, 79–84, 87 f., 93, 104, 114, 121, 128, 146, 148 f., 162
Gawain und der Grüne Ritter 73–76, 78
Geoffrey von Monmouth 20 f., 23, 36–41, 43 f., 72 f., 131 f., 149
Gesta Regum Britanniae 132
Gorlois von Cornwall 72, 162
Gottfried von Straßburg 102 ff.
Governal 96, 113
Gral 11, 24, 32, 43, 49, 63–66, 84, 92 ff., 102, 105, 109–126, 128, 130, 135, 144, 147, 149
Great Captains, The 145
Gromer Somer Joure 60, 76, 162
Guinevere 11, 24, 28, 55 f., 60 f., 75 f., 78 ff., 84, 88, 91–95, 99, 101, 104, 106, 120, 142, 146, 150, 162 f.
– falsche 28, 92

H

Hafgan 78
Henry VII. 141
History of the Kings of Great Britain, The 20, 36, 43
Hoel von der Bretagne 97 f.

I

Iddawg 29 f.
Igraine 18, 72, 148, 163
In Parentheris 144
Inglewood 60
Ironside 81
Isolde von der Bretagne 97, 99 f., 163
Isolde von Irland 11, 89, 96–100, 163

J

James I. 142
Jamshid, Kelch von 110
Jones, David 144, 153

Jonson, Ben 142
Joseph von Arimathäa 115 f., 118, 128, 130, 164
Joyous Gard 91 f., 94, 98
Jung, C. G. 50
Jungfrau vom See s. Nimue

K

Kay 21, 26, 68 f., 81, 84, 164
Kynon 62

L

Lady of the Fountain, The 62
Lailoken 45 f.
Lais 63
Lamorack 11, 64 f., 164
Lancelot 23
Lanzalet 88 f.
Lanzelot 24, 27, 78 f., 81, 88, 90–95, 97, 99, 101, 104, 118, 120 f., 134, 142, 146, 164 f.
Launfal 60 f.
Lawhead, Stephen 148
Leben des Gildas 79
Leodegrance von Cameliarde 55 f., 91

Lewis, C. S. 146
Liebe, höfische 101 f.
Linet 81 ff., 165
Lionel 91
Lionors 81 f., 165
Llwch Lleminiawg 88
Llwyarch Hen 43
Loathly Lady 61
Lot von Orkney 64, 80, 82, 165
Lugh 149
Lunete 82 f.

M

Mabinogion 14, 25, 29, 71, 78, 88
Macha 71
Malory, Thomas 14, 28, 32, 48, 58, 65, 72 f., 80, 101, 120 f., 131, 142, 145
March ap Meirchawn 89
Marie de Champagne 64, 102
Marie de France 63
Markale, Jean 27, 104, 136
Marke von Cornwall 89, 96–100, 166
Masefield, John 146
Meleagraunce 95
Meliagraunce 79 f.
Meliodas von Lyonesse 95 f.

Melwas 79
Merlin 11, 18, 31 f., 35–50, 53–57, 61, 65, 72, 129, 132, 139, 141 f., 145–150, 154, 166
Midsummer Night 146
Milton, John 1142
Mists of Avalon, The 148
Modron 30
Mordred 31, 64, 77, 93, 120, 145 f., 166 f.
Morgan le Fay 31, 71 ff., 75–79, 83, 130 ff., 138 f., 148, 150, 167
Morgause 64 f., 77, 80, 82, 120, 146, 167
Morholt 96, 167 f.
Morrighan 71, 78
Morris, William 143
Morte D'Arthur, Le 14, 28, 58, 80 ff., 145
Mynyos 29
Myrddyn Wyllt 39, 41 f., 44

N

Nennius 39
Nimue 46–49, 90 f., 132, 147, 168
Niniane 47

O

Once and Future King, The 145
Order of the Golden Dawn 150
Orkney-Clan 64
Owain 30, 62, 168

P

Pallenberg, Rospo 149
Palomides 62, 168
Parzival 11, 25, 64, 84, 112–115, 121, 169
Paxson, Diana 150
Pelles 92, 168
Pellinore 57 f., 61, 64, 169
Perceval oder Die Geschichte vom Gral 23
Perceval s. Parzival
Perron de Merlin 49
Pikten 37, 89
Porius 145
Powys, John Cowper 145
Preiddeu Annwn 26 f., 63, 88
Pwyll 78, 80

Q

Queste del Saint Graal 109
Questing Beast 61

R

Ragnall 61, 83, 169 f.
Rex Avalonis 130
Rhonabwy 29 f.
Rhydderch 45
Rittertum 58 f., 65
Robert de Boron 43, 47, 65 f., 114, 117
Roman de Brut 55
Roman Lull 65

S

Segwarides 96, 99
Servants of the Light School of Quabalistic Science 150
Sidhe 131
Siege Perlious 120
Society of the Inner Light 150
Sone of Nausay 128
Sovereignty 24, 31, 61, 77
Speeches at Prince Henry's Barriers, The 142
Spenser, Edmund 142
Stewart, Mary 148 f.
Stewart, R. J. 36, 46, 150
Stonehenge 40, 66
Sufi 110
Sutcliff, Rosemary 145
Sword at Sunset, The 145

T

Tafelrunde 55–60, 63–67, 76, 78, 82 f.
Taliesin 43, 45, 148
Tarn Watheling 60
Tavola Ritonda 100
Tennyson, Alfred 119, 142 f., 151
Tolkien, J. R. R. 146
Tor (Torre) 57, 64
Travers, P. L. 13, 92
Treece, Henry 145
Triaden 89
Tristan 88 ff., 95–99, 101, 104, 142, 170

U

Uriens von Gore 170
Uther Pendragon 18, 35, 40, 55, 170 f.

V

Virgil 45
Vita Merlini 40, 43 f., 48, 72
Vortigern 36–39, 171
Vulgata Cycle, The 47
»Vulgate-Zyklus« 118 f., 121, 145

W

Wace 23, 55
Waite, A. E. 150
Walter von Oxford 38 f.
White Raven, The 150
White, T. H. 145 f.
Williams, Charles 119, 146 f., 150

Y

Yeats, W. B. 150
Ynis witrin 130
Yvain 23, 82 f.
Yvain 26

Z

Zisterzienser 47, 118

Der Autor

John Matthews beschäftigt sich seit mehr als 20 Jahren mit der Tradition der Artussagen und Gralslegenden. Er hat zahlreiche Bücher zu diesem Themenkomplex verfaßt und gibt Seminare und Workshops in Europa und USA. Bei Heyne ist von ihm erschienen (zusammen mit Caitlín Matthesw): »Lexikon der keltischen Mythologie« (19/280).

Mythologie der Völker

Herbert Gottschalk
Lexikon der Mythologie
19/266

Murry Hope
Magie und Mythologie der Kelten
Das rätselhafte Erbe einer Kultur
19/81

John und Caitlín Matthews
Lexikon der keltischen Mythologie
19/280

Jan Knappert
Lexikon der afrikanischen Mythologie
19/338

19/338

Heyne-Taschenbücher

TERRA-X

Expeditionen ins Unbekannte

Gottfried Kirchner
**Terra-X
Vulkane, Wüsten und Ruinen**
19/392

Gottfried Kirchner
**Terra-X
Schatzsucher, Ritter
und Vampire**
19/468

Im Hardcover:

Gottfried Kirchner (Hrsg.)
**Terra-X
Von Mallorca zum Ayers Rock**
40/354

19/468

Heyne-Taschenbücher

Alles Wissenswerte über die Erde in einem Band

Übersichtlich, prägnant, umfassend.

Das »Faktenlexikon Erde« beantwortet alle Fragen zu Geographie und Geologie und enthält eine Fülle von Daten und Fakten zur Entstehung und Entwicklung unserer Erde.

Es erläutert komplexe Zusammenhänge und liefert wichtige Informationen zu Kontinenten, Ländern und Ökosystemen.

Reich illustriert mit Grafiken, Tabellen und Karten.

19/558

Heyne-Taschenbücher

Einsichten und Einblicke

Bruno Martin
Handbuch der spirituellen Wege
Eine Entdeckungsreise
08/3003

E. R. Carmin
Das schwarze Reich
Geheimgesellschaften im 20. Jahrhundert
08/3008

08/3003

S P H I N X bei H E Y N E